A imputação objetiva pelas lesões
permanentes e óbitos nos acidentes
de trabalho

SÍLVIO INÁCIO RENNER

Bacharel em Direito pela Universidade de Feevale de Novo Hamburgo/RS, e Mestre pela Universidade de Caxias do Sul/RS — UCS. Professor em Direito do Trabalho pela Universidade de Santa Cruz do Sul/RS — UNISC.

A imputação objetiva pelas lesões permanentes e óbitos nos acidentes de trabalho

EDITORA LTDA.

© Todos os direitos reservados

Rua Jaguaribe, 571
CEP 01224-001
São Paulo, SP — Brasil
Fone (11) 2167-1101
www.ltr.com.br

LTr 4445.2
Agosto, 2012

Dados Internacionais de Catalogação na Publicação (CIP)
(Câmara Brasileira do Livro, SP, Brasil)

Renner, Sílvio Inácio

A imputação objetiva pelas lesões permanentes e óbitos nos acidentes de trabalho / Sílvio Inácio Renner. — São Paulo : LTr, 2012.

Bibliografia.
ISBN 978-85-361-2157-4

1. Acidentes de trabalho — Brasil 2. Direito do trabalho — Brasil 3. Imputação (Direito penal) 4. Periculosidade (Direito do trabalho) 5. Previdência social — Leis e legislação — Brasil 6. Responsabilidade civil — Brasil 7. Responsabilidade penal — Brasil I. Título.

11-08651   CDU-343.222:331.6.823(81)

Índices para catálogo sistemático:

1. Brasil : Imputação objetiva e os acidentes
de trabalho : Direito do trabalho
343.222:331.6.823(81)

Aos meus familiares, especialmente ao meu filho que me manteve motivado mesmo quando já não parecia possível.

Aos amigos e colegas de jornada que se mantiveram unidos nas adversidades do caminho.

A interpretação das leis conduz, muitas vezes, à alteração delas.
(Voltaire)

Sumário

PREFÁCIO — *Dr. Cesar Augusto Modena* 9
INTRODUÇÃO 11
1. LEGISLAÇÃO PREVIDENCIÁRIA 15
   1.1. Atividades de risco 19
   1.2. Acidente de trabalho: concepções 22
   1.3. Garantia de emprego do acidentado 24
   1.4. Ações de recuperação do acidentado 26
2. DA RESPONSABILIDADE CIVIL E DO AMBIENTE DO TRABALHO 30
   2.1. Responsabilidades no ambiente do trabalho 30
   2.2. Responsabilidades do empregador 32
   2.3. Responsabilidades do empregado 37
   2.4. Da responsabilidade civil 38
   2.5. Dos fundamentos teóricos 41
   2.6. Responsabilidade civil objetiva 43
3. TEORIA DA IMPUTAÇÃO OBJETIVA 50
   3.1. Contexto histórico da imputação objetiva 51
   3.2. A teoria da imputação objetiva 57
   3.3. O princípio do risco 62
   3.4. A teoria do risco 66
      3.3.1. A teoria do risco permitido 67
      3.3.2. A teoria do risco proibido 69
   3.5. A imputação objetiva e os acidentes de trabalho 71
   3.6. Legislação e julgados na visão da imputação objetiva 82
CONCLUSÃO 87
REFERÊNCIAS BIBLIOGRÁFICAS 91

Prefácio

O trabalho é a maior riqueza de uma nação. Por isso, há muito as relações de trabalho têm suscitado controvérsias: ideológicas, econômicas, jurídicas e sociológicas ao longo de séculos. Engels disse, no seu manuscrito de 1876, que a constituição biológica do homem foi determinada pelo trabalho[1], pois na sua evolução os movimentos e a imaginação foram sendo construídos pela exigência de seus afazeres. De forma mais sutil, Vinicius de Moraes, em sua poesia, também diz que o trabalho molda o homem, assim como o homem molda o trabalho.[2] Nesse sentido, é o trabalho parte essencial da vida e a ela deve alimentar. Qualquer possibilidade de prejudicar a vida é objeto de preocupação de todo jurista e pesquisador.

Neste trabalho, Sílvio Renner aborda tema importante acerca da relação de trabalho. As atividades de risco e a responsabilização pelas lesões e mortes causadas por acidentes são precisamente o objeto de estudo detalhado do autor.

A imputação objetiva pelas lesões permanentes e óbitos ocorridos por acidentes de trabalho não é matéria pacífica, como desprende o próprio autor neste trabalho. Bem por isso, é também um texto interdisciplinar, transdisciplinar e apaixonante, envolvendo Direito do Trabalho, Direito Penal, saúde e segurança, além dos aspectos éticos, sociológicos e econômicos.

A teoria da imputação objetiva procura substituir a dogmática causal material por uma relação normativa entre conduta e resultado, originários da interação humana. Visa, portanto, referida teoria a identificar ou atribuir um resultado relevante sob o aspecto penal da conduta, tendo em vista, nesse contexto, a ideia do

---

(1) ENGELS, Friedrich (1820-1895). *Sobre o papel do trabalho na transformação do macaco em homem* (1876).
(2) "... mas ele desconhecia esse fato extraordinário: Que o operário faz a coisa. E a coisa faz o operário..." MORAES, Vinicius de. *O operário em construção*.

risco. É, portanto, objeto necessário de investigação científica, motivo pelo qual este trabalho se reveste de plena legitimidade e importância. Pois, além disso, é incipiente o estudo da aplicação da teoria da imputação objetiva, com a finalidade de análise das atividades de risco, enfaticamente nos casos de acidente de trabalho.

Para além dessa motivação teórica, os aspectos econômicos e sociológicos também justificam este estudo, visto que toda a tentativa de reduzir os infortúnios trabalhistas deve ser considerada, uma vez que as taxas de acidentes no ambiente de trabalho continuam a causar grande impacto na nossa sociedade.

Por fim, todo o trabalho humano tem sido na medida em que gera benefícios aos homens. No momento em que a integridade é colocada em risco, aí o Direito quanto menos prezado é o respeito à condição humana no trabalho. Essa possibilidade para Sílvio Renner nesta obra singular, traz a exata noção da constante busca acadêmica, servindo de estímulo para o dinamismo do mundo jurídico.

Dr. Cesar Augusto Modena

Introdução

O estudo sobre as consequências sociais dos acidentes de trabalho vem recebendo destaque nos meios jurídicos atuais. A questão que se busca responder é: o que fazer para diminuir ou eliminar os altos custos sociais, resultantes dos acidentes de trabalho? O reflexo negativo não ocorre somente no ambiente familiar do acidentado, mas também na comunidade em que está inserido. O Estado, que é ou deveria ser o garantidor dos meios preventivo-protetivos, deve estar na vanguarda da busca por medidas e controles que visem a coibir esse grave problema social.

Este trabalho objetiva, por isso, discutir a doutrina e a legislação pertinentes ao ambiente do trabalho, verificando a partir das condutas dos agentes responsáveis a imputação objetiva como meio de prova e de auxílio na diminuição dos acidentes no trabalho, analisando ainda a própria efetividade das normas vigentes relativas à prevenção e à proteção no cotidiano do trabalhador.

A imputação objetiva pode ser uma das alternativas de solução para a diminuição dos acidentes de natureza grave, em lesões permanentes, ou morte no ambiente do trabalho?

Na busca da resposta a essa indagação, este trabalho apoia-se na teoria do risco e nos desdobramentos deste em risco permitido e risco proibido para chegar ao ilícito do agente empregador, através de seus administradores e de seus órgãos, como responsáveis pela implementação e pelo cumprimento das medidas preventivo-protetivas. Ainda a teoria da imputação objetiva como base de auxílio, para entender a evolução da imputação com fulcro penal, trazendo-a à luz dos problemas base desta análise.

O tema é desenvolvido através de revisão bibliográfica, utilizando o método analítico e o método dialético. Nos dois primeiros capítulos, a análise da linguagem pelo método analítico atende ao intento da dissertação, mas a dialética é utilizada no último capítulo para organizar a discussão de forma sistêmica na intenção de alcançar seus objetivos.

Dessa forma, o trabalho se desenvolve ordenado em três capítulos: no primeiro, aborda-se a legislação previdenciária em todos os seus aspectos, para que se entendam as ações preventivo-protetivas existentes no amparo ao trabalhador. No capítulo segundo traz-se à discussão toda a questão das responsabilidades no ambiente do trabalho, do empregador ao empregado e se segue trazendo os argumentos sobre a responsabilidade civil, que já propiciou uma evolução para o ambiente do trabalho, com novas previsões legais como o dano moral, servindo esta análise como proposta para uma evolução também no campo penal. E por último, no terceiro capítulo, a teoria da imputação objetiva e a análise da teoria do risco, como fundamento da pretensão objeto desta dissertação.

A relevância científica da dissertação se justifica exatamente porque pretende introduzir um novo aspecto de análise na ocorrência dos eventos danosos no trabalho através de sanções aos responsáveis por essas ações. Também tem relevância no enriquecimento da área do Direito, quando se aborda a ocorrência de eventos de tal magnitude, ao custo, muitas vezes, da própria vida do trabalhador, que deve ser protegida e amparada pelo Direito.

De outra parte, qualquer medida que se consiga implementar para coibir ou ao menos reduzir os acidentes de trabalho trará um reflexo extremamente positivo para a sociedade como um todo e para o trabalhador em especial, sendo essa a relevância social desta dissertação.

Discutir a doutrina e a legislação pertinentes ao ambiente do trabalho nos campos das áreas civil e previdenciária a partir da conceituação específica das condutas. Verificar a imputação objetiva das responsabilidades pela ocorrência dos eventos danosos no ambiente do trabalho, com a consequente repercussão destes no Direito Penal. Esses são os objetivos gerais desta dissertação, qual seja, entender a possível conexão entre esses atos danosos e as condutas de possível causa. O que conduz para os objetivos específicos:

a) Analisar, sob o aspecto da responsabilidade dos agentes em zelar pela saúde do trabalhador no ambiente do trabalho, atendendo a preceitos das normas da Organização Internacional do Trabalho e disposições do Direito brasileiro e do Direito comparado. Analisar, ainda, no tocante ao uso de Equipamentos de Proteção Individual e máquinas de operação segura, se cabível, ou não, a imputação objetiva nos atos que resultam em danos, com base na teoria do risco e em seus desdobramentos, o risco permitido e o risco proibido.

b) Analisar a efetividade das normas relativas à prevenção e à proteção do trabalhador nas práticas do cotidiano.

O problema fica delimitado ao fato de que a ocorrência de acidentes de trabalho na jornada laboral é abundante em nosso país. Suas consequências são de natureza grave, com sequelas permanentes, como perdas de membros, quando não a própria vida. Os prejuízos se acumulam de todas as formas possíveis.

Na sociedade em geral, que paga pelos custos embutidos no preço dos produtos. No cotidiano do trabalhador e da sua família, que pagam pela perda psíquica, quando não pela falta do provedor do sustento da casa. O Estado, nas perdas e no ônus da garantia dos instrumentos preventivos e protetivos do ambiente de trabalho. A questão é que esses instrumentos preventivo-protetivos não estão sendo suficientes, talvez pela ineficácia e/ou ineficiência, visto que o país é um dos campeões mundiais em acidentes de trabalho.

Essa insuficiência de instrumentos mais eficazes e eficientes estimula o estudo de novas alternativas que auxiliem no combate ao problema. A imputação objetiva, nos eventos danosos, é uma das discussões que caminha nesse sentido, pois visualiza, através da sanção, a indução de meios preventivos mais contundentes não só via legislação, como também pela ação preventiva dos próprios agentes responsáveis.

A imputação objetiva pode ser uma das soluções para a diminuição dos acidentes de trabalho de natureza grave ou de morte?

Exceção feita à legislação previdenciária e civil, nos demais ramos do Direito é escassa a abordagem do tema, como já referido. Ainda assim, essas abordagens se restringem a reparações de cunho econômico, não ingressando no campo das responsabilizações, como forma de prevenir e evitar as repetições das lesões oriundas do trabalho. Justifica-se que através das regras existentes se busque uma ampliação da tutela do bem jurídico protegido, usando as diversas doutrinas e legislações, pelas interpretações dos mais variados autores, para avançar na proteção ao trabalhador e, por conseguinte, à sociedade em que está inserido.

Está clara a existência de um quadro caótico, em termos de Brasil, na ocorrência de acidentes de trabalho relacionados às atividades laborais, com elevados custos humanos e sociais. Com isso, a busca se volta em analisar possíveis mecanismos que auxiliem na diminuição dos acidentes por intermédio de uma maior discussão do tema e seus desdobramentos legais.

A segurança no ambiente do trabalho se converte em uma pretensão social a qual se supõe que o Estado deve oferecer respostas. Pelos últimos dados da Previdência Social, com números do ano de 2007, ocorreram no país 514.135 acidentes de trabalho com registro pela Comunicação de Acidente do Trabalho — CAT — e 138.955 sem o registro da CAT (estima-se que grande parte dos acidentes não é sequer informada aos órgãos competentes), sendo que, desses, 281.696 provocaram afastamento do trabalho por mais de 15 dias, 8.504 tiveram incapacidade permanente, e ocorreram 2.804 óbitos, conforme dados do Ministério da Previdência e Assistência Social. O custo anual com esses eventos é estimado em 20 bilhões de reais, sem contar o prejuízo psicossocial, que é incalculável. A relevância social da dissertação está baseada na discussão acerca do tema, no sentido de estimular a prevenção de acidentes, em vez de, simplesmente, atuar na reparação.

Há o interesse despertado por um estudo de caso, como trabalho de monografia, realizado por um estudante do curso de Fisioterapia do Centro Universitário da Feevale, na cidade de Novo Hamburgo (RS), com trabalhadores que tiveram perdas permanentes de membros inferiores em acidentes de trabalho e sua análise evolutiva frente às previsões legais da legislação previdenciária. A grande maioria não conseguiu readaptação e reintrodução definitiva no mundo do trabalho, mesmo em outras funções, numa clara evidência da ineficiência dos meios protetivos existentes. Também chamou a atenção que nenhum dos trabalhadores do estudo de caso intentou reparação civil, e, mais ainda, a escassez de mecanismos que pudessem coibir, de forma mais intensa, a repetição dos eventos danosos.

A presença desses fatos relatados pelo caso, para análise e estudo, assim como a abordagem doutrinária antagônica são desafios para a pesquisa. A construção e a viabilidade desta pesquisa estão ligadas a esse binômio da necessidade e do custo social.

De fundamental importância é o fato de que o estudo proposto tem um fator motivador que chama especial atenção nos céleres avanços tecnológicos que derivam de todas as áreas do conhecimento. Essa nova sociedade tecnológica, com alto grau de competitividade, tornou a complexidade das relações exponenciada. Não é diferente no ambiente do trabalho, no qual o indivíduo é constantemente suplantado pela complexidade da máquina que precisa operar, e essa dificuldade se reflete diretamente em aumento dos riscos de operação e de acidentes.

A problemática dos acidentes de trabalho faz parte da preocupação do jurista já há algum tempo e fortemente nos dias atuais. As responsabilidades do ente coletivo, como a do administrador e de seus órgãos, é tema de acalorado debate e discussão no campo do Direito. As mais variadas teorias sustentam a temática e buscam estabelecer consenso nas responsabilidades pelos acidentes de trabalho ocorridos. Busca-se fundamentar o tema desta dissertação nas teorias do risco, nas variáveis do risco permitido e do risco proibido, como sustentação da possibilidade da imputação objetiva nas ações, sejam elas culposas (de imprudência, negligência ou imperícia) ou dolosas. Há uma desconsideração premeditada à proteção do trabalhador no seu ambiente de trabalho.

Ainda pela teoria da imputação objetiva, através de seus diversos autores, busca-se embasar o projeto de pesquisa nas respostas que possam oferecer à sociedade e ao meio jurídico-científico.

O trabalho foi desenvolvido pela combinação de métodos, na expectativa de atender a todos os requisitos do tema proposto e permitir a melhor interpretação da linguagem para a compreensão do leitor.

1

LEGISLAÇÃO PREVIDENCIÁRIA

O Regime Geral da Previdência Social engloba as prestações devidas em razão de eventos decorrentes de acidentes do trabalho e situações equiparáveis, como também tem a cobertura prevista na Constituição Federal de 1988 no Capítulo II dos Direitos Sociais, apesar da não autoaplicabilidade dos dispositivos constitucionais.

Segundo Fernandes,[1] no nível hierárquico da norma ordinária está regulamentada a Constituição de 1988 pelas Leis n. 8.212, de 24.7.1991, pertinente ao custeio, e n. 8.213, da mesma data, referente a benefícios. No âmbito desses dois diplomas figuram o custeio e os benefícios do programa de acidentes de trabalho. Vale registro que, se o exercício da atividade for previsto em lei, determina o vínculo automático com o Regime Geral da Previdência Social, o que para Fernandes[2] trata-se de filiação, ou seja, ingresso obrigatório, coativo, irrenunciável ao dito regime, e o seguro social é obrigatório ou não é social. Abordar-se-á a seguir a previsão do texto legal com foco nos artigos e incisos pertinentes ao tema do estudo, que é sobre ambiente de trabalho e acidentes de trabalho.

Neste sentido, o art. 11 da referida Lei n. 8.213/91 prevê:

Art. 11. São segurados obrigatórios da Previdência Social as seguintes pessoas físicas:

I — como empregado:

a) aquele que presta serviço de natureza urbana ou rural à empresa, em caráter não eventual, sob sua subordinação e mediante remuneração, inclusive como diretor empregado;

---

(1) FERNANDES, Anníbal. *Acidentes do trabalho*. São Paulo, LTr, 1995. p. 177.
(2) *Ibidem*, p. 180.

Os outros itens desse artigo referem outras formas de relação de trabalho sujeitas à subordinação do Regime Geral da Previdência Social, mas não atinentes aos indivíduos analisados no caso concreto; por isso mesmo não faremos análise mais acurada.

Visto o enquadramento das pessoas físicas sujeitas ao tipo legal, definida essa pessoa como pessoa física, tem-se que entender o que e quem é a empresa, aquela que tem sob subordinação essa pessoa. E, nesse aspecto, o mesmo diploma legal, em seu art. 14, nos elucida com a definição:

Art. 14. Consideram-se:

I — Empresa — a firma individual ou sociedade que assume o risco de atividade econômica urbana ou rural, com fins lucrativos ou não, bem como os órgãos e entidades da administração pública direta, indireta ou fundacional;

Parágrafo único. Equipara-se à empresa, para os efeitos dessa Lei, o contribuinte individual em relação a segurado que lhe presta serviço, bem como a cooperativa, a associação ou entidade de qualquer natureza ou finalidade, a missão diplomática e a repartição consular de carreira estrangeira.

Vale ressaltar que o legislador, em visão completa dos objetivos da Previdência Social, elencou, em caso de infortúnio laboral, a escala de dependentes que serão os beneficiários do Regime Geral da Previdência Social. Senão vejamos:

Art. 16. São beneficiários do Regime Geral da Previdência Social, na condição de dependentes do segurado:

I — o cônjuge, a companheira, o companheiro e o filho não emancipado, de qualquer condição, menor de 21 (vinte e um) anos ou inválido.

Os dependentes desse inciso têm sua dependência econômica presumida, como prevê o parágrafo 4º, sendo que os demais dependentes previstos no texto legal necessitam da comprovação de sua dependência econômica. E, segundo Fernandes,[3] a dependência econômica deve ser comprovada, mas pode ser apenas parcial. Isto é, o dependente pode ter algum rendimento.

É importante nesse momento fazer-se uma intersecção entre a escala de segurado e dependente, antes de falar dos benefícios originários e consequentes dessa relação de trabalho, no seu preceito legal. É para ater-se um pouco na previsão legal do diploma em análise, em função de o estudo de caso estar focado na incidência de lesões no ambiente de trabalho. Ver-se-á quanto à conceituação e às consequências nele inseridas sobre acidente de trabalho.

---

(3) *Ibidem*, p. 181.

Art. 19. Acidente de trabalho é o que ocorre pelo exercício de trabalho a serviço da empresa (...), provocando lesão corporal ou perturbação funcional que cause a morte ou a perda ou a redução, permanente ou temporária, da capacidade de trabalho.

§1º A empresa é responsável pela adoção e uso das medidas coletivas e individuais de proteção e segurança da saúde do trabalhador.

§ 2º Constitui contravenção penal, punível com multa, deixar a empresa de cumprir as normas de segurança e higiene do trabalho.

§ 3º É dever da empresa prestar informações pormenorizadas sobre os riscos da operação a executar e do produto a manipular.

§ 4º O Ministério do Trabalho e da Previdência Social fiscalizará e os sindicatos e entidades representativas de classe acompanharão o fiel cumprimento do disposto nos parágrafos anteriores, conforme dispuser o Regulamento.

Torna-se importante complementar o artigo e seus parágrafos citados acima com a visão adicional de autores. Nesse caso vem a corroborar o comentário de Fernandes[4] quando diz ser correta a indicação do legislador da obrigação prevencionista. A empresa deve adotar medida coletiva. Sendo viável, o ônus da prova é dela, da empresa, e só então cabe o fornecimento dos equipamentos de proteção individual (em geral levando ao desconforto pelo seu uso no trabalho). A multa é salutar, mas pode ser lançada no custo da mercadoria. Talvez melhor fosse responder o empresário, como pessoa física, pelo ato faltoso. Em relação ao parágrafo 3º, o autor diz achar o dispositivo de a empresa ter de prestar as informações sobre os riscos da operação cheio de boas intenções, mas com pouco resultado prático.

Deve-se analisar sucintamente a previsão inserida no art. 21[5] do referido diploma legal, que trata da equiparação de ações que elevam o evento a ser consi-

---

(4) *Ibidem*, p. 182.

(5) BRASIL. Lei n. 8.213/91 — Art. 21: "Equiparam-se também ao acidente do trabalho, para efeitos desta Lei: I — o acidente ligado ao trabalho que, embora não tenha sido a causa única, haja contribuído diretamente para a morte do segurado, para redução ou perda da sua capacidade para o trabalho, ou produzido lesão que exija atenção médica para a sua recuperação; II — o acidente sofrido pelo segurado no local e no horário do trabalho, em consequência de: a) ato de agressão, sabotagem ou terrorismo praticado por terceiro ou companheiro de trabalho; b) ofensa física intencional, inclusive de terceiro, por motivo de disputa relacionada ao trabalho; c) ato de imprudência, de negligência ou de imperícia de terceiro ou de companheiro de trabalho; d) ato de pessoa privada do uso da razão; e) desabamento, inundação, incêndio e outros casos fortuitos ou decorrentes de força maior; III — a doença proveniente de contaminação acidental do empregado no exercício de sua atividade; IV — o acidente sofrido pelo segurado ainda que fora do local e horário do trabalho: a) na execução de ordem ou na realização de serviço sob a autoridade da empresa; b) na prestação espontânea de qualquer serviço à empresa para lhe evitar prejuízo ou proporcionar proveito; c) em viagem a serviço da empresa, inclusive para estudo, quando financiada por esta dentro de seus planos para melhor capacitação da mão de obra, independentemente do meio de locomoção utilizado, inclusive veículo de propriedade do segurado; d) no percurso da residência

derado como acidente de trabalho. No dizer de Fernandes[6], acidente no trabalho, ou seja, acidente-tipo, aquele do art. 19, referenciado acima. Seguindo com o autor, a Lei estabelece quatro espécies de equiparação ao acidente-tipo, sendo a primeira vinculada às doenças profissionais e do trabalho; a segunda, acidente ligado ao trabalho mesmo sem ser a causa única e os acidentes no local e horário de trabalho em decorrência de ato de agressão, ofensa física intencional, ato de imprudência e força maior; a terceira, nas doenças provenientes de contaminação acidental no exercício do trabalho; e a quarta, nos acidentes fora do local e horário de trabalho na execução de serviço sob a autoridade da empresa, na viagem a serviço da empresa e no chamado acidente de trajeto, ou *in itinere*.

Na ocorrência de qualquer desses infortúnios que podem levar o trabalhador, em relação a sua capacidade laborativa, à incapacidade temporária, à incapacidade parcial ou permanente, ou para a necessidade de maior esforço no exercício de sua própria profissão ou de qualquer outra e também, na consequência extrema, à morte. Nesses casos, a Legislação Previdenciária tem uma ampla previsão de benefícios e serviços para amparo do trabalhador. Vejam-se esses benefícios conforme a Lei n. 8.213/91, focando-se novamente aqueles que de fato têm pertinência ao estudo de caso:

Art. 18. O Regime Geral da Previdência Social compreende as seguintes prestações, devidas inclusive em razão de eventos decorrentes de acidente de trabalho, expressas em benefícios e serviços.

I — quanto ao segurado:

a) aposentadoria por invalidez;

e) auxílio-doença;

h) auxílio-acidente.

II — quanto ao dependente:

a) pensão por morte;

III — quanto ao segurado e dependente:

b) serviço social;

c) reabilitação profissional.

---

para o local de trabalho ou deste para aquela, qualquer que seja o meio de locomoção utilizado, inclusive veículo de propriedade do segurado. § 1º Nos períodos destinados à refeição ou ao descanso, ou por ocasião da satisfação de outras necessidades fisiológicas, no local do trabalho ou durante este, o empregado é considerado no exercício do trabalho. § 2º Não é considerada agravação ou complicação de acidente do trabalho a lesão que, resultante de acidente de outra origem, se associe ou se superponha às consequências do anterior.

(6) FERNANDES, Anníbal. Ob. cit., p. 24.

Os benefícios da aposentadoria, do auxílio-doença, do auxílio-acidente e a pensão por morte são prestações acidentárias típicas, agora o serviço da reabilitação profissional está aquém das necessidades e é pouco cuidado, nas palavras de Fernandes[7].

Como se pode ver, a Legislação Previdenciária é bastante ampla e abrangente no que tange ao cumprimento da premissa constitucional de proteção ao trabalhador e seus dependentes, em caso de infortúnio. Há necessidade de melhorias na implementação e efetivo cumprimento das vantagens previstas, no dia a dia do trabalhador, mas há aí uma oportunidade extraordinária de aperfeiçoar os mecanismos institucionais existentes.

1.1 ATIVIDADES DE RISCO

De certa forma, pode-se afirmar que toda atividade oferece algum tipo de risco, seja ele de maior ou menor intensidade, ou, como diz Dieter[8], enquanto alguns trabalhos estão mais associados a riscos que outros, nenhum trabalho está completamente livre de riscos de acidente. E, ainda, no ambiente de trabalho existem inúmeros riscos para acidentes, que variam conforme a atividade e o sistema que a empresa opera. Pode-se complementar o raciocínio de Dieter afirmando que, além da atividade e do *modus operandi* da empresa, tem-se de levar fortemente em conta a qualificação do empregado, com seu portfólio técnico de cursos e práticas, além dos treinamentos feitos pelo empregador, como também o estado geral dos equipamentos, sua manutenção e sua operação com segurança.

Antes de se falar em atividades de risco, é interessante definir um conceito de risco para fins deste trabalho. E, nesse sentido, Pereira[9] entende por risco o grau de probabilidade da ocorrência de um determinado evento. A probabilidade de alguém vir a se tornar doente ou incapacitado para alguma atividade rotineira varia desde a simples presença (ou por sua ausência) até a intensidade com que algum fator está presente ou a combinação com outros fatores.

Torna-se possível, de forma analógica, presumir que toda atividade humana envolve risco, e notadamente no caso em que envolve a execução de tarefas de forma contínua, como força de trabalho. Presentes (ou ausentes) elementos que de forma coadjuvante somam para a concorrência e ocorrência de eventos que podem

---

(7) *Ibidem*, p. 184.
(8) DIETER, Cristiane. *Condições de adaptabilidade dos indivíduos lesados em acidentes de trabalho para reintrodução em atividade laboral*. Novo Hamburgo: Feevale, 2004. Trabalho de Conclusão de Graduação, Centro Universitário Feevale, 2004. p. 15.
(9) PEREIRA, Maurício Gomes. *Epidemiologia teoria e prática*. Rio de Janeiro: Guanabara Koogan, 1995. p. 21.

se tornar prejudiciais à saúde e à segurança do trabalhador, o acidente de trabalho tem a sua causalidade ligada ao trabalho como a causa do infortúnio, segundo Pedrotti[10]. O alto custo que representam esses eventos para a sociedade leva os legisladores a buscar alternativas para minimizá-los, como traz Oliveira[11]. Outra tendência bem caracterizada é a que visa a eliminar os riscos para a saúde do trabalhador na origem, em vez de tentar neutralizá-los com a utilização de equipamentos de proteção. Como também está comprovada a resistência do trabalhador em utilizar os equipamentos de proteção individual que, além de incomodar bastante, limitam a percepção do ambiente de trabalho, chegando, em algumas situações, até mesmo a causar acidentes.

Nesse sentido, Oliveira[12] diz que várias legislações pelo mundo estão encampando a ideia de eliminar a raiz dos problemas que ameacem a saúde, a segurança e a integridade física e mental dos trabalhadores, como no Canadá, em 1979, na Holanda, em 1980, seguida pela Suíça, em 1993, e com grande importância a Diretiva n. 89/391 da Comunidade Europeia, já adotada por 15 países daquela comunidade desde 1995. E segue[13] afirmando que a legislação brasileira a partir da Constituição de 1988 em concordância com a tendência mundial assegurou no art. 7º, inciso XXII,[14] redução dos riscos inerentes ao trabalho, por meio de normas de saúde, higiene e segurança.

Apesar da preocupação crescente da legislação brasileira no sentido de uma política voltada à prevenção e às ações de caráter mais humanitário na preservação da saúde do trabalhador e, por consequência, a cadeia produtiva do país, o Brasil segue batendo recordes mundiais de acidentes de trabalho. Por definição, são aqueles oriundos de fato súbito, violento e fortuito, relacionados ou envolvendo um trabalho prestado a outrem, e que ocasiona lesão ou perturbação funcional na vítima, segundo Dieter[15]. Um dos grandes problemas desses acidentes é o seu alto custo para todos, seja para o Estado, para o trabalhador ou para as empresas, e que, segundo o economista José Pastore[16], está ao redor de 20 bilhões de reais

---

(10) PEDROTTI, Irineu Antônio. *Doenças profissionais ou do trabalho*. 2. ed. São Paulo: Livraria e Editora Universitária de Direito Ltda., 1998. p. 34.
(11) OLIVEIRA, Sebastião Geraldo de. *Proteção jurídica à saúde do trabalhador*. 3. ed. São Paulo: LTr, 2001. p. 110.
(12) *Idem*.
(13) *Ibidem*, p. 129.
(14) BRASIL. CF 88 — Art. 7º: São direitos dos trabalhadores urbanos e rurais, além de outros que visem à melhoria de sua condição social: Inciso XXII — redução dos riscos, inerentes ao trabalho, por meio de normas de saúde, higiene e segurança. Nesse sentido, também a CLT, nos arts. 154 e ss., do capítulo da Segurança e Medicina do Trabalho.
(15) DIETER, Cristiane. Ob. cit., p. 9.
(16) PASTORE, José. José Pastore e Paulo Jobim na campanha "Prevenção é Vida". *Revista CIPA*, v. 20, n. 240, p. 62, 1999.

anuais. Isso sem se levar em conta as doenças ocupacionais originárias da exposição por longo prazo à ação de agentes insalubres, que na legislação brasileira se "resolve" pela compensação financeira através de adicionais na remuneração do trabalhador. Isso, segundo Oliveira[17], também está na contramão da tendência mundial que substituiu a monetização pela maior eficácia da redução da jornada e consequente maior descanso, tendo como resultado a menor exposição aos agentes danosos e, por consequência, melhor saúde.

O problema específico do estudo da pesquisa se refere aos acidentes de trabalho, pois quando o trabalhador tem perda de membros ou morte, enquanto no exercício do seu trabalho, sempre é de forma súbita e violenta. Todos os indivíduos da pesquisa exerciam funções de risco, de maior ou menor intensidade. Por intensidade pode-se afirmar que seja pela associação dos fatores que convergem para a ocorrência do acidente, como complexidade da função ou da operação e/ou a fatores externos, sobre os quais não se tem atuação. Diz Dieter[18] que a constatação da existência de determinados riscos leva à elaboração de medidas preventivas específicas que serão empregadas de acordo com a função de cada indivíduo, por isso também os graus de intensidade.

Ao observar-se a presença de riscos em todas as nossas atividades, sejam elas de cunho laboral ou não, mas especialmente nestas, afeitos à soma de toda uma característica histórica da evolução dos processos produtivos, dos equipamentos de uso corriqueiro nos ambientes de trabalho, das responsabilidades de todas as partes envolvidas e das consequências danosas ao meio social, é pertinente um questionamento e uma interrogação clara sobre o que está melhorando com as ferramentas postas ao alcance se os acidentes seguem em crescimento.

Nesse sentido é de fundamental importância o questionamento de Oliveira[19] sobre o papel da ciência jurídica na busca de soluções, especialmente ancorado no texto legal da Constituição de 1988, pois o quadro encontrado pelo autor incita à reflexão.

A questão jurídica buscada inicia na área trabalhista, na qual há volume expressivo de reclamações dos ex-empregados, postulando horas extras habituais, adicional noturno, adicionais de insalubridade e periculosidade, ficando as agressões à saúde dos trabalhadores reduzidas a uma simples expressão monetária. Nos corredores da justiça comum, percebem-se as marcas indeléveis das agressões: depara-se com enfermos, mutilados, órfãos e viúvas, buscando benefícios previdenciários ou reparações civis decorrentes de acidentes de trabalho ou doenças ocupacionais,

---

(17) OLIVEIRA, Sebastião Geraldo de. Ob. cit., p. 136-137.
(18) DIETER, Cristiane. Ob. cit., p. 15.
(19) OLIVEIRA, Sebastião Geraldo de. Ob. cit., p. 23-24.

ocasionados pelo descaso e pela indiferença de muitos empregadores no cumprimento das normas de segurança, higiene e saúde no trabalho. Nos órgãos previdenciários, verificam-se aposentadorias especiais, como consolo pelo desgaste acelerado do trabalhador, que, para ganhar a vida, apressa a morte, e se conhecem as estatísticas constrangedoras dos acidentes do trabalho e das doenças ocupacionais, que levaram o Brasil a figurar entre os campeões do mundo nesse torneio de tragédias.

1.2. ACIDENTE DE TRABALHO: CONCEPÇÕES

O trabalho em nosso país sempre foi da exploração desordenada, se nos referirmos ao tempo anterior à industrialização. As condições quanto à segurança e higiene no trabalho não tinham melhor sorte, ou seja, sequer havia tal forma de controle. Aos poucos, com o desenvolvimento da indústria nacional, os trabalhadores foram se organizando e, através dessa organização, conquistando direitos que se materializavam por meio das leis.

Durante a atividade profissional o trabalhador está sujeito a sofrer acidentes provocados em virtude da sua atividade laboral, e esses acidentes foram denominados, segundo Tortorello, de acidentes de trabalho, com o fim de proteger o obreiro no exercício de sua profissão legal.[20]

Inúmeros instrumentos legais se preocuparam em prevenir e regulamentar esses infortúnios ocorridos no desenvolvimento do exercício profissional dos indivíduos ao longo da história, notadamente a partir do início do século passado, com tímidas previsões legais que auxiliavam na reparação dos danos provocados pelos acidentes.

Na questão da garantia da reparação acidentária, a legislação, através do tempo, vem firmando suas posições quanto ao pagamento de indenização pelos acidentes de trabalho. No Brasil, esse movimento iniciou em 1919, seguindo a linha europeia de defesa dos interesses básicos do trabalhador com o Decreto Legislativo n. 3.724, que institui a obrigatoriedade do pagamento da indenização pelo empregador à vítima, mas sem grande efetividade, visto que não instituiu o seguro obrigatório.

A segunda lei de acidentes do trabalho se originou em 1934 através do Decreto n. 24.637 e garantiu o pagamento da indenização pelo empregador abrindo duas alternativas para isso. A primeira possibilidade é o empregador fazer seguro privado para cobertura dos acidentes do trabalho. A segunda possibilidade é efetuar depósito nos bancos predefinidos, cotados os valores conforme o número de funcionários e podendo ser ampliado atendendo ao grau de risco da atividade. O depósito só deverá ser feito se não ocorrer o seguro.

---

(20) TORTORELLO, Jayme Aparecido. *Acidentes de trabalho:* teoria e prática. 2. ed. São Paulo: Saraiva, 1996. p. 3.

A próxima previsão legal data de 1944, com o Decreto-lei n. 7.036, que estabelece a garantia do pagamento de indenização com a exigência do seguro obrigatório a ser contratado na Previdência Social a que estivesse vinculado o beneficiário. Esse fato desobrigava o empregador de qualquer outra indenização por estar desonerado por meio do seguro.

O ano de 1967 marca dois momentos distintos na área da indenização dos acidentes de trabalho. O primeiro, com o Decreto-lei n. 293, que passa o seguro de acidentes de trabalho para as seguradoras privadas em concorrência com o Instituto Nacional da Previdência Social. Esse decreto foi revogado no mesmo ano pela Lei n. 5.316, que novamente passa ao Instituto Nacional da Previdência Social o monopólio do seguro de acidentes. Ainda dessa mesma época emenda constitucional inclui o seguro nas contingências sociais amparadas pela Previdência Social. Com essa lei abarca-se a teoria do risco social, pois além de o seguro em si estar tutelado pela Previdência Social, há também a inclusão favorável ao trabalhador do acidente de trajeto. A responsabilidade pelos danos decorridos do acidente do trabalho passa a ser da Previdência Social.

A sexta lei de acidentes do trabalho, de número 6.367, de 1976, mantém a tendência da teoria do risco social e a responsabilidade pela indenização com a Previdência Social. A novidade surge com a Constituição Federal de 1988 que, além de manter a garantia aos trabalhadores do seguro contra os acidentes do trabalho, permite indenização pelos preceitos do Código Civil, desde que o empregador tenha agido com dolo ou culpa.

Ainda em 1991 mais duas leis tratam do acidente de trabalho, a de número 8.212, que trata da questão do plano de custeio, ou seja, a fonte de custeio é determinada pelas contribuições previdenciárias a cargo da União, da empresa e do empregado, acrescidas por um *plus* a cargo exclusivo do empregador, conforme Saad[21]. E a outra Lei, de número 8.213, que dispõe sobre os planos de benefícios da Previdência Social e mantém a concepção de acidente de trabalho. Essas duas leis atendem ao preceito constitucional de normatizar o tema.

Há de se ressaltar nesse ponto da reflexão a dualidade interpretativa das teorias que disciplinam a questão dos acidentes do trabalho. Se, por um lado, o legislador demonstra a tendência clara de seguir a teoria do risco social, de outro lado, o fundamento jurídico, da reparação acidentária, segue a teoria do risco profissional, na medida em que a instituição previdenciária mantém um controle autônomo das incidências dos danos que não têm origem ocupacional, das decorrentes do exercício do trabalho. A teoria do risco social trata da distribuição das responsabilidades de cada um, União, empresa e empregado, nas formas de custeio das contribuições previdenciárias e que dão a noção de sociabilização do seguro.

---

(21) SAAD, Teresinha Lorena Pohlmann. *Responsabilidade civil da empresa nos acidentes do trabalho.* 3. ed. São Paulo: LTr, 1999. p. 48.

1.3. GARANTIA DE EMPREGO DO ACIDENTADO

Os trabalhadores, de certa forma, desamparados no passado recente por dispositivos legais, constitucionais ou outros diplomas legais (exceção a alguma jurisprudência pontual), no sentido de conseguirem manter seu trabalho após retorno de acidente de trabalho, através de movimentos dos seus sindicatos, começaram a reivindicar a estabilidade provisória. Conforme Oliveira,[22] a partir dos anos 1970 e 1980, boa parte das Convenções Coletivas e dos Dissídios Coletivos encampou a garantia de emprego. Um acórdão de 1982 do Colendo TST retrata o entendimento que passou a predominar no julgamento dessa reivindicação, nos dissídios coletivos da época. Dessa forma, o Pleno do TST aceitou a estabilidade ao trabalhador acidentado deferindo o tempo em seis meses após o retorno da licença previdenciária. Ainda segundo Oliveira, os pronunciamentos reiterados dos tribunais, principalmente após a Constituição da República de 1988, quando o poder normativo da Justiça do Trabalho foi ampliado, levou o Tribunal Superior do Trabalho a adotar o Precedente Normativo n. 30: "Asseguram-se ao empregado vítima de acidente de trabalho 180 (cento e oitenta) dias de garantia no emprego, contados a partir da alta do órgão previdenciário".

A Carta Magna estatui a necessidade de lei de nível complementar para a garantia de emprego, segundo Fernandes[23]; senão veja-se o art. 7º, inciso I:

Art. 7º São direitos dos trabalhadores urbanos e rurais, além de outros que visem à melhoria de sua condição social:

I — relação de emprego protegida contra despedida arbitrária ou sem justa causa, nos termos de lei complementar, que preverá indenização compensatória, dentre outros direitos.

Todo esse clamor dos trabalhadores, através das entidades representativas e dos sindicatos, associado à abertura deixada pelo legislador no texto da Carta Magna, notadamente no art. 170[24], inciso VIII — busca do pleno emprego —, resultou em legislação complementar através da Lei n. 8.213/91, que acobertou todos esses anseios em seu art. 118, instituindo a garantia de emprego, a ver:

Art. 118. O segurado que sofreu acidente do trabalho tem garantida, pelo prazo mínimo de doze meses, a manutenção do seu contrato de trabalho na empresa, após cessação do auxílio-doença acidentário, independentemente de percepção de auxílio-acidente.

---

(22) OLIVEIRA, Sebastião Geraldo de. Ob. cit., p. 216.
(23) FERNANDES, Aníbal. Ob. cit., p. 197.
(24) BRASIL. CF 88 — Art. 170. "A ordem econômica, fundada na valorização do trabalho humano e na livre-iniciativa, tem por fim assegurar a todos a existência digna, conforme os ditames da justiça social, observados os seguintes princípios: ... Inciso VIII — busca do pleno emprego."

Ao contextualizar e compreender os motivos e as necessidades de estabilidade provisória, Oliveira[25] afirma que essa veio em resposta a um comportamento comum das empresas de promover a dispensa do empregado acidentado, logo após a alta concedida pela Previdência Social. E o motivo dessa atitude é facilmente identificado: o trabalhador acidentado que retorna ao serviço, após o período de afastamento, encontra-se inseguro, receoso, fora do ritmo de trabalho dos demais colegas, de forma semelhante ao motorista que volta a dirigir após um acidente de trânsito. Naturalmente, diante desse quadro de apreensões, o trabalhador oferece baixa produtividade, erra mais e, por consequência, exige acompanhamento mais rigoroso da chefia. Enfim, durante algum tempo, não será um empregado desejável. Já Fernandes[26] comenta que se deve evitar as disparatadas despedidas de infortunados, doentes, mutilados etc.

A ocorrência dessas demissões, após o retorno ao trabalho, para o trabalhador torna-se uma situação altamente tormentosa em razão da grande dificuldade em conseguir um novo trabalho, e ainda é extremamente agravada se for analisada sob a perspectiva do art. 30 da CLT,[27] que determina a anotação da ocorrência do acidente na carteira do acidentado. Isso na prática de mercado vale como um classificador e um preterimento desse indivíduo em relação a outros que não tiveram acidente de trabalho. Outro fato a analisar na estabilidade provisória é o alcance dessa garantia, ou como diz mais uma vez Oliveira[28], cabe enfatizar que a garantia de emprego abrange as hipóteses de acidente típico, as doenças ocupacionais (doenças profissionais e doenças do trabalho) e as outras hipóteses mencionadas na lei como equiparadas a acidentes do trabalho. E, segue o autor[29], todavia, não é todo acidente de trabalho que gera a estabilidade provisória, porquanto a garantia começa a partir da cessação do auxílio-doença acidentário. Como o acidentado só recebe o referido auxílio se ficar incapacitado para o trabalho por mais de 15 dias, pode-se concluir que os acidentes pequenos, cujo período de afastamento seja de até 15 dias, não dão direito à garantia de emprego.

Um problema de complexa solução ocorre quando há sonegação da informação do acidente do trabalho pelo empregador aos órgãos responsáveis. A emissão da CAT (Comunicação de Acidente de Trabalho) pelo empregador soluciona o pressuposto básico da garantia de emprego. A onerosidade da legislação, com as diversas consequências jurídicas do acidente do trabalho, segundo Oliveira,[30]

---

(25) OLIVEIRA, Sebastião Geraldo de. Ob. cit., p. 215.
(26) FERNANDES, Anníbal. Ob. cit., p. 196.
(27) BRASIL. CLT, art. 30. "Os acidentes do trabalho serão obrigatoriamente anotados pelo Instituto Nacional de Previdência Social na carteira do acidentado."
(28) OLIVEIRA, Sebastião Geraldo de. Ob. cit., p. 217.
(29) *Ibidem*, p. 218.
(30) *Ibidem*, p. 220.

aumenta a incidência da não notificação ao órgão previdenciário. Segundo o mesmo autor, há um acerto financeiro informal entre as partes, trabalhador e empregador, sobre os dias afastados.

O problema ganha importância para o campo jurídico no momento em que esse trabalhador é dispensado sem justa causa e toma ciência de que havia a estabilidade com a garantia de emprego, que se caracteriza pela comunicação do acidente. A solução a essa controvérsia está no Código Civil, no art. 129, que diz:

> Reputa-se verificada, quanto aos efeitos jurídicos, a condição, cujo implemento for maliciosamente obstado pela parte, a quem desfavorecer.

Para Oliveira,[31] é necessário verificar se realmente ocorreu o acidente do trabalho, de modo que, se a comunicação oficial tivesse sido sonegada pelo patrão, o empregado teria recebido o auxílio-doença acidentário e, como consequência, teria direito à garantia de emprego.

Outra forma de estabilidade provisória do emprego, porém, de forma ampliada, é a situação do trabalhador acidentado pós-reabilitação profissional, como se verá a seguir.

Essa estabilidade se dá após sua recuperação e seu retorno ao emprego, em função compatível com sua limitação ou mesmo o reingresso no mercado de trabalho em função diversa, de acordo com a capacidade laborativa residual. Conforme Oliveira,[32] esse trabalhador, além da garantia do art. 118 da Lei n. 8.213/91, tem a garantia ampliada do art. 93 do mesmo diploma legal que prevê a contratação de percentual dos cargos com beneficiários reabilitados e no caso de demissão deste por outro na mesma condição.

1.4. AÇÕES DE RECUPERAÇÃO DO ACIDENTADO

Nos casos de acidentes de trabalho, segundo Dieter[33], a reabilitação, nesse contexto, é a atenção que é prestada aos trabalhadores em geral, após um acidente, a fim de restabelecer suas funções físicas e psíquicas e reintegrá-lo no trabalho. Reintrodução esta de acordo com suas capacidades, habilidades e aspirações remanescentes, a reestruturação da ocupação e da organização do trabalho, observando as potencialidades do trabalhador, a criação de condições seguras de trabalho, de modo que não existam riscos para si mesmo e para os outros. A Organização

---

(31) *Ibidem*, p. 221.
(32) *Ibidem*, p. 225.
(33) DIETER, Cristiane. Ob. cit., p. 18.

Internacional do Trabalho traz à reflexão, através das convenções, resoluções e recomendações, a situação do trabalhador acidentado e das estratégias reabilitadoras. Destaca que a sociedade precisa lidar diariamente com essas questões sociais e antropológicas e buscar soluções que permitam que esses trabalhadores tenham participação ativa no trabalho e na sociedade.

A Constituição Federal de 1988, no capítulo dos direitos sociais, em seu art. 7º, quanto aos direitos dos trabalhadores, no inciso XXVII,[34] prevê: proteção em face da automação, assunto esse também abordado pela Organização Internacional do Trabalho através das Convenções n. 155, que trata da segurança e da saúde dos trabalhadores, ratificada pelo Brasil e implementada pelo Decreto n. 1.254/94, e da n. 159, que trata da reabilitação profissional, também implementada no Brasil pelo Decreto n. 129/91. O art. 169[35] da Consolidação das Leis do Trabalho prevê a obrigatoriedade de notificação das doenças profissionais e das produzidas em virtude de condições especiais de trabalho ao Ministério do Trabalho, através de seus órgãos fiscalizadores.

A Legislação Previdenciária Brasileira elenca uma série de instrumentos com os procedimentos previstos para atuar na área preventiva da saúde do trabalhador no seu ambiente de trabalho, bem como os procedimentos para os trâmites pós--ocorrência de eventos na notificação e participação aos órgãos previdenciários. Já afirmavam Dieter e Renner[36] que o sistema de seguridade social brasileiro busca soluções para a empregabilidade de trabalhadores com lesões permanentes ou mutilações advindas de acidentes no ambiente de trabalho, bem como também auxílio aos familiares dos acidentados. Pastore[37], com muita propriedade, destaca que, no mundo inteiro, os sistemas de seguridade social assumem um papel importante no campo da reabilitação profissional.

Nesse sentido, Dieter[38] comenta que o segurado da Previdência Social, portador de incapacidade total ou parcial para o trabalho, oriunda de acidente do trabalho ou de situações equiparáveis, tem direito aos serviços de reabilitação profissional, com o intuito de proporcionar o seu retorno ao emprego em cargo compatível com sua função, de acordo com a capacidade laborativa residual. Após o retorno ao

---

(34) BRASIL. CF 88 — Art. 7º: São direitos dos trabalhadores urbanos e rurais, além de outros que visem à melhoria de sua condição social: Inciso XXVII — proteção em face da automação, na forma da lei.
(35) BRASIL. CLT, art. 169. "Será obrigatória a notificação das doenças profissionais e das produzidas em virtude de condições especiais de trabalho comprovadas ou objeto de suspeita, de conformidade com as instruções expedidas pelo Ministério do Trabalho."
(36) DIETER, Cristiane; RENNER, Jacinta S. Condições de adaptabilidade dos indivíduos lesados em acidentes de trabalho para reintrodução em atividade laboral. *Revista Reabilitar*, ano 8, n. 30. São Paulo: Pancast, 2006. p. 43.
(37) PASTORE, José. Ob. cit., p. 94.
(38) DIETER, Cristiane. Ob. cit., p. 21.

trabalho, além da garantia de emprego prevista no art. 118[39] da Lei n. 8.213/91, o empregado reabilitado pode ter direito também à estabilidade. Por esse instrumento legal, conforme Oliveira[40], todas as empresas que empregarem mais de 100 (cem) trabalhadores estarão obrigadas a preencher de 2% a 5% dos cargos com beneficiários reabilitados ou pessoas portadoras de deficiência, habilitadas ao trabalho, variando o percentual conforme o número de empregados.

O grande problema da ação da previdência no auxílio à recuperação ou ressocialização do trabalhador está na deficiência dos dados informados pelos empregadores ou pelos envolvidos de um modo geral. Isso se deve, como apontado por Oliveira,[41] à ignorância dos envolvidos, por receio das consequências ou por falta de registro do trabalhador. Avalia-se que os registros só abrangem 50% dos acidentes efetivamente ocorridos. Esse ponto de vista é confirmado por Dieter[42] quando diz que a fragilidade das informações estatísticas sobre acidentes e doenças que atingem os trabalhadores brasileiros é fato consumado. Com isso, perdem todos os segmentos envolvidos no mundo do trabalho, porque não há como fazer um planejamento bem feito em cima de números furados. Perdem os empresários, que não sabem se os seus investimentos na área de Saúde e Segurança estão dando algum retorno. Perdem os trabalhadores, que não conseguem dimensionar seus reais sofrimentos. Perde, também, o Governo, cujos programas são lançados em cima de bases pouco consistentes, gerando resultados aquém dos esperados.

Se as informações são falhas no campo da recuperação dos acidentados pela falta de dados confiáveis, mais grave se torna o quadro quando se pensar em termos preventivos. Seguindo o raciocínio de Dieter,[43] a Previdência Social vem de encontro a essa ideia lembrando que os indicadores de acidentes de trabalho, como índices de frequência, gravidade e custo, fornecem indícios para a determinação de níveis de risco por área profissional. Considera que esses índices são indispensáveis para a correta prevenção de acidentes e consequente melhoria das condições de trabalho no Brasil.

Constatada a existência de determinados riscos, segue-se pela elaboração de medidas preventivas específicas que serão empregadas de acordo com a função de cada trabalhador. Essas ações são para prevenção de acidentes; entre elas, por exemplo, está o uso de equipamentos de proteção individual. Para alcançar com sucesso essas ações é preciso capacitar as pessoas, reforçando atitudes individuais

---

(39) BRASIL. Lei n. 8.213/91, art. 118."O segurado que sofreu acidente do trabalho tem garantida, pelo prazo mínimo de doze meses, a manutenção do seu contrato de trabalho na empresa, após a cessação do auxílio-doença acidentário, independentemente de percepção de auxílio-acidente."
(40) OLIVEIRA, Sebastião Geraldo de. Ob. cit., p. 225.
(41) *Ibidem*, p. 205.
(42) DIETER, Cristiane. Ob. cit., p. 20.
(43) *Idem*.

ou coletivas que conduzam a saúde com a melhora, também, das condições do ambiente de trabalho. Quando isso não ocorre, ou seja, o acidente de trabalho acontece, a recuperação se dá por intermédio do INSS em clínicas credenciadas, não sem antes efetuar-se todo um trâmite administrativo. Comenta Oliveira[44] que a caracterização do acidente é feita administrativamente pelo setor de benefícios do INSS, que verifica o liame entre o trabalho exercido e o acidente. A Perícia Médica do INSS faz análise técnica para conferência do nexo de causa e efeito entre o acidente e a lesão, a doença e o trabalho e a *causa mortis* e o acidente. No caso específico do trabalho em questão, o atendimento do INSS ocorre via clínica, com colocação de próteses e com assistência médica, de fisioterapia e psicologia.

Não obstante, em todos esses atendimentos clínicos há uma variada garantia de direitos previstos na legislação brasileira quando da ocorrência de eventos danosos, sempre no intuito de proteger o trabalhador.

---

(44) OLIVEIRA, Sebastião Geraldo de. Ob. cit., p. 212.

2

DA RESPONSABILIDADE CIVIL E DO AMBIENTE DO TRABALHO

2.1. RESPONSABILIDADES NO AMBIENTE DO TRABALHO

A sociedade, em qualquer nível de relação, estabelece códigos de conduta para as ações humanas; em contrário senso, reprova as que são avessas a esses códigos. Estabelece-se então o dever de cumprir esses códigos de conduta, ou, como diz Kant,[45] o dever é a ação a que uma pessoa se encontra obrigada, ou seja, a licitude de uma ação se dá quando ela não é contrária à obrigação. Por conseguinte, a ilicitude é a ação contrária à obrigação, e essa ação tem a reprovação da sociedade, sociedade essa que busca acima de tudo a justiça, através da normatização das condutas, que são leis de liberdade e, portanto, leis morais. De acordo com Kelsen,[46] a justiça é uma virtude e a virtude é uma qualidade moral; portanto, a justiça pertence ao domínio da moral.

Assim, na projeção de Kelsen,[47] a justiça é a qualidade de uma específica conduta humana, aquela conduta que consiste no tratamento dado a outros homens. O juízo, segundo o qual uma tal conduta é justa ou injusta, representando uma apreciação, uma valoração da conduta. Conforme os autores, toda conduta que fere a justiça do meio social merece a reprovação através de previsão legal do

---

(45) KANT, Emmanuel. *Doutrina do direito*. 2. ed. Trad. Edson Bini. São Paulo: Ícone, 1993. p. 36.
(46) KELSEN, Hans. *A justiça e o direito natural*. Trad. João Batista Machado. Coimbra: Almedina, 2001. p. 41.
(47) *Ibidem*, p. 42.

direito, e todo indivíduo tem o dever de, por meio de sua moral, saber que tal ação é contrária à justiça e por isso precisa ser reparada.

Tem-se também a afirmação de Herkenhoff,[48] que diz ser o valor maior a justiça. Que, se há um conflito entre a lei e a justiça, que prevaleça a justiça, por fidelidade à própria lei, pois esta não é um amuleto, mas deve ter como fim a justiça, o bem comum, os valores oriundos da ética, o progresso, o avanço da sociedade em direção à maior justiça, melhor distribuição dos bens, maior igualdade. A sociedade observa as condutas que ferem a justiça e exerce pressão para que o legislador estabeleça a obrigação de coibir tal ação.

Nas palavras de Hart,[49] há a presença de certa noção de complexidade na ideia de justiça, quando diz:

"Há, portanto, uma certa complexidade na estrutura da ideia de justiça. Podemos dizer que consiste em duas partes: um aspecto uniforme e constante, resumido no preceito 'tratar da mesma maneira os casos semelhantes', e um critério mutável ou variável usado para determinar quando, para uma dada finalidade, os casos são semelhantes ou diferentes".

No sentido de aprofundar esse conceito, Dworkin[50] diz que a justiça é uma instituição que interpretamos. E diz mais:

"Os filósofos políticos podem desempenhar os diferentes papéis que imaginei para o filósofo da cortesia. Eles não podem desenvolver teorias semânticas que estabeleçam regras para 'justiça' como as regras que consideramos para 'livro'. Podem, contudo, tentar aprender o patamar do qual procedem, em grande parte, os argumentos sobre a justiça, e tentar descrever isso por meio de alguma proposição abstrata para definir o 'conceito' de justiça para sua comunidade, de tal modo que os argumentos sobre a justiça possam ser entendidos como argumentos sobre a melhor concepção desse conceito. Nossos próprios filósofos da justiça raramente fazem esta tentativa, pois é difícil encontrar uma formulação do conceito ao mesmo tempo suficientemente abstrata para ser incontestável entre nós e suficientemente concreta para ser eficaz".

Não poderiam ser diferentes as condutas no ambiente do trabalho, no sentido de sempre buscar o atingimento das boas práticas laborais através das ações que vão

---

(48) HERKENHOFF, João Batista. *Para onde vai o direito:* reflexões sobre o papel do direito e do jurista. 3. ed. Porto Alegre: Livraria do Advogado, 2001. p. 23.
(49) HART, Herbert L. *O conceito de direito.* 2. ed., Trad. A. Ribeiro Mendes. Lisboa: Fundação Calouste Gulbenkian, 1996. p. 174.
(50) DWORKIN, Ronald. *O império do direito.* Trad. Jefferson Luiz Camargo. São Paulo: Martins Fontes, 1999. p. 91.

de encontro ao ordenamento jurídico. Talvez por isso não haja nenhuma formulação eficaz do conceito de justiça. Se assim for, tal atitude não lança nenhuma dúvida sobre o sentido das discussões sobre justiça, mas oferece um testemunho da imaginação de pessoas que tentam ser justas[51]. Atendem-se assim às necessidades do empregador e do empregado, cada um cioso das suas responsabilidades, e, por fim, satisfaz-se a sociedade que precisa do equilíbrio nas relações para crescer e atender às necessidades dos seus cidadãos.

2.2. RESPONSABILIDADES DO EMPREGADOR

Historicamente, há um embate entre o capital e o trabalho no que concerne às responsabilidades sobre os fatos gerados no ambiente de trabalho. Assim, as consequências e os resultados gerados pela mão de obra na atividade laboral, tanto para alavancar os ganhos da empresa e perpetuar sua existência como, no contrário senso, para manter a ocupação da mão de obra sem expô-la a riscos desnecessários. O maior poderio econômico do empregador gera um desequilíbrio na balança, forçando a intervenção do Estado através de legislações específicas no intuito de proteger o empregado e reequilibrar as forças. O homem como indivíduo é frágil na compreensão da relação de percepção que a empresa e a sociedade fazem dele. Como afirma Ihering,[52] a maneira pela qual o homem corresponde à sua profissão é aquilo que a sociedade põe em primeiro lugar na balança, nessa apreciação que faz dele; é o critério pelo qual a sociedade determina sua capacidade, isto é, sua aptidão para ela, sociedade. E segue o autor afirmando tratar-se de egoísmo da sociedade, que não indaga o que o homem é em si, mas o que é para ela. Com o dever, a profissão volve-se para a sociedade; com a remuneração, volta-se para o sujeito. Nesse contexto, organismos internacionais foram criados, como a Organização Internacional do Trabalho,[53] além das previsões de amparo e proteção nas Constituições nacionais e legislação específica, como as Leis do Trabalho.

Essa, por assim dizer, tutela jurídica no campo das relações de trabalho, levando em conta essas forças antagônicas entre empregador e empregado, é um dos pilares fundamentais do Direito do Trabalho, qual seja, o princípio da proteção.

---

(51) Ibidem, p. 92.
(52) IHERING, Rudolf Von. *A finalidade do direito — Tomo I*. Campinas: Bookseller, 2002. p. 107.
(53) A Organização Internacional do Trabalho foi constituída pelo Tratado de Versalhes de 1919 e complementada pela Declaração da Filadélfia de 1944. É composta por três órgãos, a Conferência ou Assembleia Geral, que se reúne pelo menos uma vez ao ano com a presença das delegações de cada Estado-membro compostas de membros do Governo e representantes dos trabalhadores e dos empregadores. É nessa conferência que são elaboradas as convenções e recomendações internacionais. Os outros dois órgãos são de cunho administrativo, quais sejam, o Conselho de Administração de 56 membros, que tem função executiva, e a Repartição Internacional do Trabalho, que é secretaria. As convenções necessitam de ratificação pelo Estado-membro para vigir com força de lei, e a recomendação serve como sugestão por não ter atingido número suficiente de adesões. A recomendação não é ratificada, mas submetida à autoridade competente no direito interno.

No entender de Oliveira,[54] que afirma ser o princípio da proteção, segundo o qual a norma jurídica tem por finalidade básica o amparo, a tutela, enfim, a proteção ao trabalhador. Diante da superioridade econômica do empregador e do risco da dominação abusiva, consagrou-se uma superioridade jurídica do empregado para buscar um melhor equilíbrio no relacionamento jurídico.

Enquanto nos demais ramos do Direito está cada vez mais presente, no atendimento das demandas, a preocupação da busca da igualdade jurídica entre as partes contratantes, no Direito do Trabalho a preocupação central é a de proteger uma das partes no intuito de se alcançar uma igualdade substancial e verdadeira entre elas, como nos diz Plá Rodriguez[55].

O princípio da proteção se posiciona como elemento fundamental do Direito do Trabalho, pois em vez de o propósito de igualdade ser seu norte, direciona seus objetivos no estabelecimento de um amparo especial a uma das partes, qual seja, a do trabalhador.

Corrobora nesse sentido Martins,[56] quando diz que:

"Temos como regra que se deve proporcionar uma forma de compensar a superioridade econômica do empregador em relação ao empregado, dando a este último superioridade jurídica. Esta é conferida ao empregado no momento em que se dá ao trabalhador a proteção que lhe é dispensada por meio da lei".

Já Amauri Nascimento,[57] ao tratar do princípio da proteção, ao qual aceita como central no Direito do Trabalho, mas contrapõe que aquele não é mais importante que o princípio da razoabilidade, pois este é o princípio básico. Entende o autor não ser viável proteger o trabalhador quando a proteção não se mostra razoável.

Pode-se entender que está presente na realidade jurídico-processual o princípio da proteção ao trabalhador, como complementa Mario de la Cueva[58]:

"O Direito do Trabalho declara a igualdade social e jurídica do trabalhador e do empresário, anulando toda a ideia de hierarquia e de prevalência de valores".

---

(54) OLIVEIRA, Sebastião Geraldo de. Ob. cit., p. 48-50.
(55) RODRIGUEZ, Américo Plá. *Princípios do direito do trabalho*. Trad. Wagner D. Giglio. São Paulo: LTr, 1978. p. 28.
(56) MARTINS, Sérgio Pinto. *Direito do trabalho*. 23. ed., 2ª reimpr. São Paulo: Atlas, 2007. p. 63.
(57) NASCIMENTO, Amauri Mascaro. *Curso de direito do trabalho:* história e teoria geral do direito do trabalho: relações individuais e coletivas do trabalho. 19. ed. rev. e atual. São Paulo: Saraiva, 2004. p. 350.
(58) CUEVA, Mario de la. *Panorama do direito do trabalho*. Trad. Carlos Alberto Gomes Chiarelli. Porto Alegre: Livraria Sulina, 1965. p. 59-60.

Ou ainda as palavras de Dworkin,[59] quando analisa os direitos do homem mesmo com diferentes interesses antecedentes:

"O direito de cada homem de ser tratado com igualdade a despeito de sua pessoa, seu caráter ou seus gostos é reforçado pelo fato de que ninguém mais pode garantir-se uma posição melhor em virtude de ser diferente em qualquer desses aspectos. Em outras situações contratuais, quando a ignorância é menos completa, os indivíduos que compartilham a mesma meta podem, não obstante, ter diferentes interesses antecedentes. Mesmo que dois homens valorizem a vida acima de tudo, por exemplo, o interesse antecedente do mais fraco poderia exigir um monopólio estatal da força em vez de uma disposição em favor da vingança privada, enquanto o interesse antecedente do mais forte talvez não o exigisse".

A primeira e a mais importante responsabilidade do empregador (seja pessoa jurídica ou não) é o cumprimento dessas premissas referenciadas pelos autores citadas acima e principalmente o cumprimento da legislação pertinente. Descumprida essa legislação, assume caráter punitivo contra o infrator. Cumprir a legislação talvez não necessite ser a responsabilidade mais importante se, na prática, ao estabelecer uma relação de trabalho entre empregador e empregado, fossem cumpridas as regras mais elementares de qualquer relação de respeito aos elementos envolvidos. O negócio empresarial claramente elucidado à outra parte, com as funções e necessidades do negócio, e de outro lado, as expectativas e necessidades do indivíduo em realizar suas tarefas de maneira a atender a sua realização pessoal e profissional. No entremeio, a manutenção de clareza e transparência nas novas perspectivas de ambas as partes mantém o equilíbrio da relação profissional com a satisfação de todos os envolvidos.

Oliveira[60] comenta que as agressões à saúde dos trabalhadores ficaram reduzidas a uma simples expressão monetária, transacionável, do período não prescrito, e, se assim não fosse, não haveria a necessidade de toda a legislação que aí está a regular e regrar o contrato de trabalho. A partir desse enfoque, analisam-se, sem a pretensão de esgotar o tema, algumas das responsabilidades do empregador com o auxílio de autores da área, como Sebastião Geraldo de Oliveira, Irineu Antônio Pedrotti, Aníbal Fernandes, notadamente voltados à legislação nacional, sem deixar de buscar amparo em autores estrangeiros para a sustentação dos argumentos.

---

(59) DWORKIN, Ronald. *Levando os direitos a sério*. Trad. Nelso Boeira. São Paulo: Martins Fontes, 2002. p. 278.
(60) OLIVEIRA, Sebastião Geraldo de. Ob. cit., p. 136.

Uma das análises de autor estrangeiro está em Cavero,[61] que aborda a dificuldade de se estabelecer as responsabilidades dentro do ambiente do trabalho, tendo em vista a questão hierárquica. *In verbis*:

"Intentar dar um concepto preciso e igualmente útil para los distintos âmbitos de investigación de lo que se entiende por órgano de administración sería ciertamente ilusório.... Puede decirse de manera general y tomando como base la regulación mercantil quer el administrador de la empresa es um miembro de la misma que desempeña, funciones de administración y gestión del negocio, asi como competencias de organización, decisión, representación y control. Ciertamente, la formación del concepto de administrador em Derecho penal no tiene que ser um fiel reflejo del concepto jurídico-mercantil de administrador, por lo que es el punto de partida de la perspectiva fáctica de análisis em este âmbito es, em efecto, acertado".

Ihering[62] ensina que toda a nossa cultura e toda a nossa história repousam na valorização da existência humana individual para os fins da coletividade. Não há vida humana que exista meramente para si. Toda ela existe, ao mesmo tempo, em função do mundo. Todo homem atua, na sua posição, ainda que muito limitada, pelos fins culturais da humanidade. E fosse ele o mais diminuto trabalhador, ainda estaria participando dos fins dela.

A Constituição Federal do Brasil, em seu artigo primeiro, reza, entre outros, os fundamentos da dignidade da pessoa humana, como também os valores sociais de trabalho e da livre-iniciativa. A dignidade humana é uma realização específica e individual colocada como anseio de uma sociedade e conquistada através dos mecanismos dessa mesma sociedade. E é absolutamente certo que na sociedade moderna grande parte dessa conquista passa pela realização no trabalho. Os valores sociais do trabalho e a livre-iniciativa têm intrínseca relação, visto que uma gera riqueza através do trabalho, que por sua vez valoriza a sociedade através do indivíduo, e os dois na soma dos esforços, respeitados os direitos e as garantias de cada um, enriquecem o meio social.

Além da Carta Magna, também a legislação internacional se ocupa em especificar as responsabilidades no ambiente de trabalho, pois segundo Oliveira[63], as normas internacionais estão enfatizando que a responsabilidade pela aplicação das normas de segurança e saúde no ambiente do trabalho é do empregador. A atuação dos serviços de saúde e a colaboração dos empregados não eximem o empresário dessa obrigação.

---

(61) CAVERO, Percy García. *La responsabilidad penal del administrador de hecho de la empresa: critérios de imputación*. Barcelona: José Maria Bosch Editor, 1999. p 100.
(62) IHERING, Rudolf Von. Ob. cit., p 65.
(63) OLIVEIRA, Sebastião Geraldo de. Ob. cit., p. 114.

No caso específico da legislação brasileira está bem claro em diversos escopos legais, como já vimos, na Constituição Federal, na Consolidação das Leis do Trabalho — CLT — e nas Normas Regulamentadoras — NR — a obrigatoriedade com a segurança e o bem-estar físico e psíquico do trabalhador. A CLT, em seu art. 157 e incisos, reza:

> Art. 157. Cabe às empresas:
>
> I — Cumprir e fazer cumprir as normas de segurança e medicina do trabalho;
>
> II — Instruir os empregados, através de ordens de serviço, quanto às precauções a tomar no sentido de evitar acidentes do trabalho ou doenças ocupacionais;

E, também, a NR-4,[64] no item 4.1, regulamenta:

> 4.1 As empresas privadas e públicas, os órgãos públicos da administração direta e indireta e dos poderes Legislativo e Judiciário que possuam empregados regidos pela Consolidação das Leis do Trabalho manterão, obrigatoriamente, Serviços Especializados em Engenharia de Segurança e em Medicina do Trabalho, com a finalidade de promover a saúde e proteger a integridade do trabalhador no local de trabalho.

Esses serviços especializados têm o fim específico de criar um ambiente de trabalho adequado e seguro para o desenvolvimento corriqueiro das tarefas do trabalhador e englobam não só a saúde física como também a mental. Segundo Oliveira,[65] não se pode separar a força do trabalho da pessoa do trabalhador; logo, aquele que contrata o trabalho tem o dever de preservar a integridade do trabalhador no mais amplo sentido, ou seja, o seu completo bem-estar físico, mental e social. E mais ainda, de forma incisiva, a norma regulamentadora NR-17,[66] no item 17.6.1:

> "A organização do trabalho deve ser adequada às características psicofisiológicas dos trabalhadores e à natureza do trabalho a ser executado, levando-se aí em conta as normas de produção".

As normas de produção elaboradas de forma insuficiente ou de dúbia e difícil interpretação, associadas a ambientes de trabalho com presença de risco ou de sobrecarga operacional sem levar em conta a qualificação e o treinamento do trabalhador, levam a acidentes. Os efeitos danosos do acidente se farão sentir em todos os aspectos da relação de trabalho, seja pela organização, seja pelo traba-

---

(64) MANUAL de Legislação Atlas. *Segurança e medicina do trabalho*. 54. ed. Coord. e Sup. Equipe Atlas. São Paulo: Atlas, 2004.
(65) OLIVEIRA, Sebastião Geraldo de. Ob. cit., p. 153.
(66) MANUAL de Legislação Atlas. *Segurança e medicina do trabalho*. 54. ed. Coord. e Sup. Equipe Atlas. São Paulo: Atlas, 2004.

lhador e no meio ambiente do trabalho em que esse está inserido. Nesse aspecto, Pedrotti[67] diz que acidente de trabalho é o que ocorre pelo exercício do trabalho a serviço da empresa, provocando lesão corporal ou perturbação funcional que cause a morte, a perda ou a redução da capacidade para o trabalho permanente ou temporário.

De acordo com a óptica dos diversos autores referidos, a empresa, como detentora dos meios de produção e destinatária do lucro gerado, deveria assumir os riscos do acidente de trabalho, pois o trabalhador está inserido nesse contexto para operar os bens do empreendedor.

2.3. RESPONSABILIDADES DO EMPREGADO

Para iniciar a abordagem da responsabilidade do empregado é interessante a afirmação de Fernandes[68], quando comenta que a relação básica que orienta a produção no mundo moderno se caracteriza pelo fato de o trabalhador prestar voluntariamente serviços ao empregador, absorvendo nessa relação a sua parcela de responsabilidade para o bom andamento do ambiente laboral.

Também se deve trazer à reflexão Ihering,[69] ao abordar que "ramo da indústria vem a ser, portanto, um ramo do trabalho para o qual e do qual o indivíduo tenciona viver", o que por lógica o torna, de certa forma, cúmplice do bom andamento do local de trabalho e de suas tarefas.

Nesse contexto, cabe trazer à luz a teoria da vontade de Savigny referida por Rao,[70] segundo a qual "o homem vive circundado pelo mundo exterior e o elemento mais importante deste ambiente encontra-se nas relações que mantém com seus semelhantes, ou seja, com aqueles que, com ele, têm de comum a natureza e os fins". No ambiente de trabalho, que é uma das áreas que circunda o homem, estabelecem-se fortemente essas relações, visto estarem presentes os mesmos fins; por óbvio, com a remuneração, volta-se para o campo da valoração do trabalho.

Além desses autores, há as previsões legais da responsabilidade do trabalhador, como a própria Consolidação das Leis do Trabalho em seu artigo 158 e incisos.

§ Art. 158. Cabe aos empregados:

I — observar as normas de segurança e medicina do trabalho, inclusive as instruções das ordens de serviço do empregador;

II — colaborar com a empresa na aplicação dos dispositivos deste capítulo.

---

(67) PEDROTTI, Irineu Antônio. Ob. cit., p. 33.
(68) FERNANDES, Aníbal. Ob. cit., p. 26.
(69) IHERING, Rudolf Von. Ob. cit., p. 105.
(70) RAO, Vicente. *O direito e a vida dos direitos*. 5. ed. São Paulo: Revista dos Tribunais, 1999. p. 531.

No parágrafo único desse artigo inclusive, fica constituído ato faltoso a recusa injustificada de uso de equipamentos de proteção individual fornecidos pela empresa, como também a inobservância das instruções expedidas pelo empregador.

Não se pode deixar de mencionar as obrigações recíprocas assumidas por ocasião da celebração do contrato de trabalho entre as partes, quando do efetivo início da prestação de serviços pelo empregado e da disponibilização do ambiente pelo empregador para exercício das atividades laborais. Essa autonomia no estabelecimento da reciprocidade de direitos e deveres pelas partes, desde que respeitadas as previsões legais, é objeto de previsão na Consolidação das Leis do Trabalho, em seu art. 444,[71] e essa regulamentação é a essência social do Direito.

Nas palavras de Rao,[72] o Direito equaciona a vida social, atribuindo aos seres humanos, que a constituem, uma reciprocidade de poderes, ou faculdades, e de deveres, ou obrigações. Por esse modo, o limite do direito de cada um é o direito dos outros e todos esses direitos são respeitados por força dos deveres que lhes correspondem. É assim que o Direito confere harmonia à vida e assim é que só com o Direito dignamente se vive.

2.4. DA RESPONSABILIDADE CIVIL

Antes de se ater ao objetivo específico que seria a responsabilidade civil nos danos causados em acidentes do trabalho, a reparação civil acidentária, ter-se-á de fundamentar de forma mais genérica a responsabilidade civil frente à legislação atual, assim como seu progresso recente, principalmente pelo Código Civil Brasileiro de 2002 e pela previsão constitucional.

Segundo Oliveira,[73] onde houver dano ou prejuízo, a responsabilidade civil será chamada para fundamentar a pretensão de ressarcimento por parte daquele que sofreu as consequências do infortúnio. É, por isso, instrumento de manutenção da harmonia social, na medida em que socorre o que foi lesado, utilizando o patrimônio do causador do dano para restauração do equilíbrio rompido. Com isso, além de corrigir o desvio de conduta, amparando a vítima do prejuízo, serve para desestimular o violador potencial, que pode antever e até mensurar o peso da reposição que seu ato ou sua omissão poderão acarretar.

Essa opinião também encontra respaldo no pensamento de Diniz[74] quando afirma que a responsabilidade civil é a aplicação de medidas que obriguem uma

---

(71) BRASIL. CLT, art. 444. "As relações contratuais de trabalho podem ser objeto de livre estipulação das partes interessadas em tudo quanto não contravenha às disposições de proteção ao trabalho, aos contratos coletivos que lhes sejam aplicáveis e às decisões das autoridades competentes."
(72) RAO, Vicente. Ob. cit., p. 53.
(73) OLIVEIRA, Sebastião Geraldo de. Ob. cit., p. 225-226.
(74) DINIZ, Maria Helena. *Curso de direito civil brasileiro*, v. 7: responsabilidade civil. 17. ed. São Paulo: Saraiva, 2003. p. 36.

pessoa a reparar o dano moral ou patrimonial causado a terceiros, em razão de ato por ela mesma praticado, por pessoa por quem ela responde, por alguma coisa a ela pertencente ou de simples imposição legal. Complementa dizendo que a função da responsabilidade civil é garantir o direito do lesado à segurança e servir como sanção civil, de natureza compensatória.

As raízes do conceito da responsabilidade civil são anteriores e têm íntima conexão com a responsabilidade moral e jurídica. Diniz[75] comenta que o domínio da moral é mais extenso do que o direito, de sorte que este não abrange muitos problemas subordinados àquele, pois não haverá responsabilidade jurídica se a violação de um dever não acarretar dano. E mais, a responsabilidade jurídica apresenta-se, portanto, quando houver infração de norma jurídica civil ou penal, causadora de danos que perturbem a paz social, a que essa norma visa manter. Segue a autora dizendo que, assim sendo, se houver prejuízo a um indivíduo, à coletividade ou a ambos, turbando a ordem social, a sociedade reagirá contra esses fatos, obrigando o lesante a recompor o *status quo ante*, a pagar uma indenização ou a cumprir pena, com o intuito de impedir que ele volte a acarretar o desequilíbrio social e de evitar que outras pessoas o imitem.

Em face dessa evolução jurídica de regular as relações das pessoas em sociedade, o legislador brasileiro abarcou essa necessidade na Constituição Federal de 1988 e no Código Civil de 2002, a saber:

> CF/88 — Art. 7º. São direitos dos trabalhadores urbanos e rurais, além de outros que visem à melhoria de sua condição social:
>
> Inciso XXVIII — seguro contra acidentes de trabalho, a cargo do empregador, sem excluir a indenização a que este está obrigado, quando incorrer em dolo ou culpa.
>
> Código Civil Brasileiro de 2002 — Art. 186. Aquele que, por ação ou omissão voluntária, negligência ou imprudência, violar direito e causar dano a outrem, ainda que exclusivamente moral, comete ato ilícito.

E complementa o novo diploma legal:

> Art. 927. Aquele que, por ato ilícito, causar dano a outrem, fica obrigado a repará-lo. Parágrafo único. Haverá obrigação de reparar o dano, independentemente de culpa, nos casos especificados em lei, ou quando a atividade normalmente desenvolvida pelo autor do dano implicar, por sua natureza, risco para os direitos de outrem.

---

(75) *Ibidem*, p. 19.

É possível partir para uma análise mais específica da reparação civil acidentária, que não deixa de ser uma responsabilidade civil especial. Segundo Felipe,[76] quando o empregado é acidentado no trabalho e, daí, resulta-lhe incapacidade, temporária ou permanente, total ou parcial, para o trabalho, faz jus a benefícios da Previdência Social. E segue o autor dizendo que a responsabilidade previdenciária, contudo, de caráter nitidamente objetiva e de natureza estatal, não afasta a responsabilidade do empregador, segundo o direito comum, se tiver havido dolo ou culpa. Antes da Carta Constitucional de 1988, a responsabilidade subsidiária do empregador somente existia, segundo a orientação da Súmula n. 229[77] do STF, se houvesse culpa ou dolo. Com a redação do art. 7º, inciso XXVIII, da Constituição Federal, a responsabilidade do empregador passa a existir desde que verificada, no acidente, culpa sua, o que costumeiramente ocorre na omissão das medidas de segurança do trabalho.

Dessa forma, segundo as palavras de Serpa Lopes,[78] o nosso Direito seguiu o sistema objetivo. Pode-se afirmar sem receio que a responsabilidade decorrente do acidente do trabalho se baseia na ideia do *risco-proveito* e na do *risco-autoridade*. E, diz mais o autor, destarte, ocorrido o acidente, havendo um nexo de causalidade entre o trabalho e a morte ou a incapacidade, *ipso facto*, está definida a responsabilidade do empregador. Para Serpa Lopes,[79] não há somente uma relação de causa e efeito por assim dizer mecânica, isto é, a lesão consequente ao trabalho, mas é necessário, ainda, ter essa lesão ocorrido no momento em que o acidentado exerce o trabalho a que era obrigado contratualmente, englobando-se aí as variáveis legais já analisadas de local e horário de trabalho, ou seja, *in itinere*, em horário de almoço etc.

Nesse sentido, da objetividade do modelo legal, auxilia-nos Diniz[80] ao afirmar que a responsabilidade civil também evoluiu em relação ao fundamento, baseando-se o dever de reparação não só na culpa, hipótese em que será subjetiva, como também no risco, caso em que passará a ser objetiva, ampliando-se a indenização de danos sem existência de culpa.

Já Cavalieri Filho[81] diz que a primeira cláusula geral da responsabilidade civil objetiva se refere à presença do abuso do direito, pois a manifestação prevista de exceder manifestamente os limites impostos leva ao ato ilícito.

---

(76) FELIPE, J. Franklin Alves. *Indenização nas obrigações por ato ilícito*. 3. ed. Belo Horizonte: Del Rey, 2000. p. 23.
(77) BRASIL. Súmula n. 229, STF. "A indenização acidentária não exclui a do direito comum, em caso de dolo ou culpa grave do empregador."
(78) LOPES, Miguel Maria de Serpa. *Curso de direito civil*. 5. ed. v. V. Rio de Janeiro: Freitas Bastos, 2001. p. 335.
(79) *Ibidem*, p. 336.
(80) DINIZ, Maria Helena. Ob. cit., p. 11.
(81) CAVALIERI FILHO, Sérgio. *Programa de responsabilidade civil*. 8. ed., 3. reimpr. São Paulo: Atlas, 2009. p. 151.

E, por fim, Diniz[82] diz que a insuficiência da culpa para cobrir todos os prejuízos, por obrigar perquirição do elemento subjetivo na ação, e a crescente tecnização dos tempos modernos, caracterizada pela introdução de máquinas, pela produção de bens em larga escala, aumentando assim os perigos à vida e à saúde humana, levaram a uma reformulação da teoria da responsabilidade civil dentro de um processo de humanização. Este representa uma objetivação da responsabilidade, sob a ideia de que todo risco deve ser garantido, visando à proteção jurídica da pessoa humana, em particular dos trabalhadores e das vítimas de acidentes, contra a insegurança material, e todo dano deve ter um responsável. A noção de risco prescinde da prova da culpa do lesante, contentando-se com a simples causação externa, bastando a prova de que o evento decorreu do exercício da atividade, para que o prejuízo por ela criado seja indenizado. Baseia-se, conforme as palavras de Diniz,[83] no princípio do *ubi emolumentum, ibi ius* (ou *ibi onus*), isto é, a pessoa que se aproveitar dos riscos ocasionados deverá arcar com suas consequências.

2.5. DOS FUNDAMENTOS TEÓRICOS

Pode-se afirmar que toda atividade humana traz em si o problema da responsabilidade, nesse caso, a noção da responsabilidade como aspecto da realidade social, pois decorre dos fatos sociais. É então a ideia mais próxima da obrigação, ou, como diz Aguiar Dias,[84] exprime a ideia de equivalência de contraprestação, ou seja, no sentido de repercussão obrigacional. Os campos em que se manifesta são inúmeros, quais sejam, o campo da moral, nas relações jurídicas, de direito público ou privado. O que interessa, em se falando de responsabilidade, é aprofundar o problema de violação da norma ou obrigação diante da qual se encontrava o agente. Pode-se dizer que responsabilidade é a situação de quem, tendo violado uma norma qualquer, se vê exposto às consequências decorrentes dessa violação e que traduzidas em medidas que a autoridade encarregada de velar pelo cumprimento da norma lhe deva impor. Portanto, não se cogita da responsabilidade jurídica enquanto não há prejuízo.

Apesar das dificuldades da doutrina em conceituar a responsabilidade civil, há, com base nas considerações, como definir, utilizando o conceito de Diniz:[85]

"A responsabilidade civil é a aplicação de medidas que obriguem uma pessoa a reparar dano moral ou patrimonial causado a terceiros, em razão de ato por

---

(82) DINIZ, Maria Helena. Ob. cit., p. 11.
(83) *Idem*.
(84) DIAS, José de Aguiar. *Da responsabilidade civil*. 11. ed. Rio de Janeiro: Renovar, 2006. p. 4.
(85) DINIZ, Maria Helena. Ob. cit., p. 34.

ela mesma praticado, por pessoa por quem ela responde, por alguma coisa a ela pertencente ou de simples imposição legal".

O cerne da questão se fundamenta em que a previsão da reparação do dano, como a própria compreensão dessa possibilidade, traz equilíbrio à sociedade. A reparação do dano atende a todos os anseios, é uma forma de restabelecer o equilíbrio através da sanção, sendo inspirada na preocupação de harmonia e equilíbrio que orienta o direito e é seu elemento animador.

A priori o ato ilícito é o fato gerador da responsabilidade civil; porém, o ato lícito também pode caracterizar o dever de indenizar. Para aprofundar entende-se que a responsabilidade civil requer, utilizando o ensinamento de Diniz[86] e Dias[87]:

a) Existência de uma ação, comissiva ou omissiva, qualificada juridicamente, isto é, que se apresenta como um ato ilícito ou lícito, pois ao lado da culpa, como fundamento da responsabilidade, temos o risco. Pela regra básica, a obrigação de indenizar, pela prática de atos ilícitos, advém da culpa. Mas também o dever de reparar pode deslocar-se mesmo para aquele cumpridor da lei, pois nesse caso a responsabilidade se funda no risco e não mais na culpa. É o caso, por exemplo, do dever de indenizar nos casos de acidentes de trabalho mesmo sem culpa. O empregador é obrigado a indenizar acidente de trabalho sofrido pelo empregado e, mesmo que ele tenha concorrido para a sua produção, ninguém poderá dizer que praticou ato ilícito.

b) Ocorrência de um dano moral ou patrimonial causado à vítima por ato comissivo ou omissivo do agente ou de terceiro por quem o imputado responde, ou por fato de um animal ou coisa a ele vinculada. Não pode haver responsabilidade civil sem dano, que deve ser certo, a um bem ou interesse jurídico, sendo necessária a prova real e concreta dessa lesão. O dano moral e o dano patrimonial são cumuláveis.

c) Nexo de causalidade entre o dano e a ação, pois a responsabilidade civil não poderá existir sem o vínculo entre a ação e o dano. Será necessária a inexistência de causa excludente de responsabilidade, como, por exemplo, a ausência de força maior, de caso fortuito ou de culpa exclusiva da vítima, como também no caso de haver cláusula de não indenizar.

No caso do ato ilícito como fonte da obrigação de indenizar, no nosso ordenamento jurídico vigora a regra geral de que o dever de ressarcir decorre da culpa, ou seja, da reprovabilidade ou censurabilidade da conduta do agente. O comportamento do agente será reprovado ou censurado quando, ante as circunstâncias

---

(86) *Ibidem*, p. 35-36.
(87) DIAS, José de Aguiar. Ob. cit., p. 131-132.

concretas do caso, se entende que ele poderia ou deveria ter agido de modo diferente. Portanto, como ensina Diniz,[88] o ato ilícito qualifica-se pela culpa, e não havendo culpa, não haverá, em regra, qualquer responsabilidade.

Portanto, segue a autora, para a caracterização do ato ilícito é necessário que haja uma ação ou omissão voluntária, que viole norma jurídica protetora de interesses alheios ou um direito subjetivo individual. Também que o infrator tenha conhecimento da ilicitude de seu ato, agindo com dolo, se intencionalmente procurar lesar outrem, ou culpa, se consciente dos prejuízos que advêm do seu ato, assumindo o risco de provocar evento danoso.

O dolo é a vontade consciente de violar o direito, dirigida à consecução do fim ilícito, e a culpa abrange a imperícia, a negligência e a imprudência. A imperícia à falta de habilidade ou inaptidão para praticar certo ato; a negligência é a inobservância de normas que nos ordenam agir com atenção, capacidade, solicitude e discernimento; e a imprudência é precipitação ou o ato de proceder sem cautela.

Nesse caso, onde o fato gerador da responsabilidade é o ato ilícito, se se provar que houve dolo ou culpa na ação, o imputado deverá ressarcir o prejuízo e se estará falando da responsabilidade subjetiva. A responsabilidade é individual e pode ser de cunho direto ou indireto; naquela, quando o agente responder por ato próprio; e nesta, o imputado responderá por ato de terceira pessoa, com a qual tenha vínculo legal de responsabilidade, e por fato de animal ou de coisas inanimadas sob sua guarda. O lesado será obrigado a provar a culpa do lesante na produção do dano.

2.6. RESPONSABILIDADE CIVIL OBJETIVA

Ensina Dias[89] que a responsabilidade civil é puramente resultante do equilíbrio violado pelo dano e que o interesse em restabelecer o equilíbrio econômico-jurídico alterado pelo dano é a causa geradora da responsabilidade civil. Seu fundamento deveria, pois, ser investigado em função daquele interesse, que sugere, antes de tudo, o princípio da prevenção, sem excluir outros princípios, que o completam. Em todas as teorias do referido princípio, o que se procura é escolher quem deve suportar o dano, e nisso há concordância entre elas, mesmo que às vezes antagônicas. A culpa e o risco não são mais do que critérios possíveis e a distribuição do ônus do prejuízo atende, primordialmente, ao interesse da paz social.

Ocorre que, em certos casos, a teoria da culpa não oferece mais uma solução que atenda de forma satisfatória à obtenção dos meios para reparar danos experimentados pelo lesado. Essa teoria funda a responsabilidade civil na culpa, com

---

(88) DINIZ, Maria Helena. Ob. cit., p. 38.
(89) DIAS, José de Aguiar. Ob. cit., p. 55-56.

característica na violação de um dever contratual ou extracontratual. Com os progressos técnicos que trouxeram um grande número de acidentes, desvincula-se o dever de reparação do dano da ideia de culpa e se baseia no risco, fundamento da corrente objetivista.

Assim, o agente deverá ressarcir o prejuízo causado, mesmo que isento de culpa, porque a responsabilidade é imposta por lei independentemente de culpa e mesmo sem necessidade de apelo ao recurso da presunção, conforme Diniz[90]. O dever de ressarcir, estabelecido por lei, ocorre sempre que se positivar a autoria de um fato lesivo, sem necessidade de indagar se houve ou não um erro de conduta. Apurado o dano, o ofensor ou seu proponente deverá indenizá-lo e tal responsabilidade só terá cabimento nos casos expressamente previstos em lei. E segue a autora dizendo que a responsabilidade objetiva funda-se num princípio de equidade, existente desde o direito romano: aquele que lucra com uma situação deve responder pelo risco ou pelas desvantagens dela resultantes. Essa responsabilidade tem como fundamento a atividade exercida pelo agente, sempre a atividade do agente e não do seu comportamento, pelo perigo que pode causar dano à vida, à saúde ou a outros bens, criando risco de dano a terceiros.

E diz mais Diniz,[91] como um fechamento ao tópico, que a responsabilidade fundada no risco consiste, portanto, na obrigação de indenizar o dano produzido por atividade exercida no interesse do agente e sob seu controle, sem que haja qualquer indagação sobre o comportamento do lesante, fixando-se no elemento objetivo, isto é, na relação de causalidade entre o dano e a conduta do seu causador.

Já Dias[92] busca trazer as tentativas de sistematizar a doutrina da responsabilidade sem culpa ancorado na literatura germânica, e o faz da seguinte forma:

a) Princípio do interesse ativo. As perdas e os danos provenientes dos acidentes inevitáveis na exploração de uma empresa devem ser incluídos nas despesas do negócio. Ou quem desenvolve em seu próprio interesse uma atividade qualquer deve sofrer as consequências dela provenientes.

b) Princípio da prevenção. Inspirado na dificuldade da prova da responsabilidade e na insuficiência das regras processuais estabelecidas no sentido de favorecê-la, consiste em não admitir a exoneração da pessoa a quem se atribui a responsabilidade, enquanto não prove que o fato, aparentemente imputável a si, é, na realidade, resultado de uma causa exterior e estranha à sua atividade, e impossível de ser por ela afastada.

---

(90) DINIZ, Maria Helena. Ob. cit., p. 47-48.
(91) *Ibidem*, p. 49.
(92) DIAS, José de Aguiar. Ob. cit., p. 68-71.

c) Princípio da equidade ou do interesse preponderante. Segundo ele, o mecanismo da responsabilidade funcionaria conforme a situação das partes interessadas. Se a pessoa que causa o dano é economicamente forte, alarga-se o campo em que se enquadra na responsabilidade, mormente se o lesado for pouco afortunado.

d) Princípio da repartição do dano. Tem seu germe na ideia que propôs a indenização do dano pelo seguro ou, caso contrário, a reparação a cargo do Estado.

A esse sistema, que resulta no seguro do acidente, não importa a origem do dano. O inconveniente desse princípio é de, talvez, prejudicar o princípio da prevenção.

e) Princípio do caráter perigoso do ato. Baseia-se na concepção de que o homem cria para o seu próximo um perigo particular. Nesse caso, o caráter perigoso da empresa é muitas vezes usado como mero pretexto para agravar a responsabilidade.

O ordenamento jurídico brasileiro reconhece em determinadas hipóteses a responsabilidade objetiva, conservando, porém, o princípio da imputabilidade do fato lesivo, fundado na culpa, como ensina Diniz[93]. Temos, de um lado, a culpa, e, de outro, o risco — por força de lei — com fundamentos da responsabilidade civil. O Código Civil expõe essa orientação ao se referir no art. 927 e parágrafo único[94], não só ao dever de ressarcir dano por ato ilícito, mas também à obrigação de reparar prejuízo, independentemente de culpa. Isso tanto nos casos especificados em lei como quando a atividade normalmente desenvolvida pelo lesante implicar, por sua natureza, grande risco aos direitos de outrem.

A título de compreensão e complemento do tema, como já visto anteriormente, na responsabilidade subjetiva o ilícito é o seu fato gerador, de modo que o imputado deverá ressarcir o prejuízo, se for provado que houve dolo ou culpa na ação. O lesado será obrigado a provar a culpa do lesante na produção do dano, como ensina Diniz[95].

Na responsabilidade objetiva, conforme a mesma autora, a atividade que gerou o dano é lícita, mas causou perigo a outrem, de modo que aquele que a exerce, por ter a obrigação de velar para que dela não resulte prejuízo, terá o dever

---

(93) DINIZ, Maria Helena. *Ob. cit.*, p. 49-50.
(94) BRASIL. CCB, art. 927. "Aquele que, por ato ilícito, causar dano a outrem fica obrigado a repará-lo. Parágrafo único. Haverá obrigação de reparar o dano, independentemente de culpa, nos casos especificados em lei, ou quando a atividade normalmente desenvolvida pelo autor do dano implicar, por sua natureza, risco para os direitos de outrem."
(95) DINIZ, Maria Helena. *Ob. cit.*, p. 50.

do ressarcimento, pelo simples implemento do nexo causal. A vítima deverá pura e simplesmente demonstrar o nexo de causalidade entre o dano e a ação que o produziu.

Em nosso Direito, segundo Dias,[96] a teoria objetiva vingou amplamente em alguns terrenos, como nos acidentes de trabalho. Afora essas inserções na lei comum, a teoria objetiva se estabeleceu firmemente, através de leis especiais, em vários setores de atividade. Não existe mais exceção quanto aos acidentes no trabalho, esfera essa que domina incontestavelmente o risco, a ponto de se destacar da responsabilidade civil.

No mesmo sentido Diniz[97] realça a responsabilidade sem culpa ou objetiva, fundada na teoria do risco, decorrendo em nosso Direito nos acidentes do trabalho, pois o operário vitimado sempre fará jus à sua indenização, haja ou não culpa sua ou do patrão. Pela teoria do risco profissional[98] é ele inerente à atividade exercida, sem que se leve em consideração a culpa do patrão ou do empregado acidentado.

A responsabilidade objetiva abrangerá os danos provenientes de culpa do lesado, mas não os oriundos de dolo. O empregador terá o dever de ressarcir o dano[99] simplesmente porque é o proprietário dos instrumentos que provocaram o acidente. É ele que recolhe os benefícios da prestação dos serviços e assume, no contrato de trabalho, a obrigação de zelar pela segurança do empregado, de modo que a indenização constitui uma contraprestação àquele que se arriscou no seu trabalho, suportando os incômodos resultantes desse risco.

A crescente mecanização dos processos produtivos e o despreparo inicial de muitos operários aumentaram significativamente os acidentes de trabalho, como também a gravidade deles. Com a complexidade da organização fabril, dividida entre as diversas unidades, e com a diferença de poder econômico entre empregador e empregado, dificultava a determinação da prova concernente à fixação da culpa, por isso a adoção da teoria do risco no âmbito civil.

Logo, segundo Diniz[100], o patrão, por ser o beneficiário do emprego da máquina, deverá suportar não só os riscos da perda de materiais, mas também os decorrentes dos acidentes sofridos pelos seus operários. Entretanto, essa indeni-

---

(96) DIAS, José de Aguiar. Ob. cit., p 96-97.
(97) DINIZ, Maria Helena. Ob. cit., p. 51.
(98) Por influência da teoria da responsabilidade objetiva, surgiu a teoria do Risco Profissional, a qual objetiva impor ao detentor dos meios de produção, vale dizer, porque expõe o trabalhador a riscos, o pagamento de indenização à vítima no caso da ocorrência de sinistros. Não se discute, nesses casos, a questão de saber de quem é a culpa.
(99) Nesse sentido, Súmula n. 341 do STF: "É presumida a culpa do patrão ou comitente pelo ato culposo do empregado ou preposto".
(100) DINIZ, Maria Helena. Ob. cit., p. 51-52.

zação é menor do que aquela que o operário teria direito pela legislação comum, porque o risco não cobre todo o prejuízo causado pelo infortúnio, pois as várias incapacidades que podem lesar o empregado estão catalogadas e tarifadas em bases módicas. Assim, sendo a responsabilidade pecuniária do patrão, não ultrapassará as cifras prefixadas. A entidade patronal, ante o risco que sofre, segura sua responsabilidade por acidente de trabalho ou por doença profissional contraída pelos empregados. No Direito brasileiro há obrigatoriedade desse seguro, para dar cobertura aos danos ocorridos em virtude do risco profissional.

Na realidade, o seguro de acidentes de trabalho no Brasil data do início do século XIX, mais precisamente em 1934, pelo Decreto n. 24.637. Desde esse momento, houve alternância na administração e na forma de contratação de tais seguros. Ora o seguro era com entidade privada, ora com o Poder Público. A característica fundamental foi a da contratação junto ao órgão de Previdência Social, tendo um breve momento de privatização em 1967, com o Decreto-lei n. 293, ainda assim em concorrência com o Instituto Nacional da Previdência Social, órgão oficial da época.

Na atualidade, o seguro de acidentes do trabalho tem seu alicerce maior na própria Constituição Federal de 1988, senão vejamos:

> Art. 7º São direitos dos trabalhadores urbanos e rurais, além de outros que visem à melhoria de sua condição social:
>
> XXVIII — seguro contra acidentes de trabalho, a cargo do empregador, sem excluir a indenização a que este está obrigado, quando incorrer em dolo ou culpa.

Na legislação infraconstitucional e na própria regulamentação do dispositivo constitucional, a Lei n. 8.213, de 1991, traz todo o elenco de benefícios e garantias ao trabalhador vítima do infortúnio no ambiente de trabalho.

A grande questão a ser levantada, carente que está da mais profunda reflexão, é: por que há a necessidade de seguro de acidentes do trabalho? Preliminarmente a resposta estaria em que se precisa auxiliar e assegurar a reparação dos danos causados em acidentes do trabalho. Porém, seria uma reflexão muito rasa, sem a mínima profundidade, pois o horizonte da questão precisa ser ampliado exponencialmente. A ocorrência de danos é fato, e as estatísticas estão aí para comprovar. O que precisa ser analisado é se o seguro é a garantia que se oferece, única e exclusivamente, para reparar os danos ocorridos, então de cunho simplesmente indenizatório, ou se há previsão legal de prevenir a ocorrência de infortúnios no ambiente de trabalho, tão comum nas atividades profissionais cotidianas da sociedade contemporânea. Em outros termos, é preciso inquirir se a legislação visa a atingir os envolvidos com o objetivo da busca da prevenção. Parece que o seguro quer a ação preventiva e não só a indenizatória, como descarga da consciência coletiva do dever feito, a partir da reparação econômica.

O seguro de acidentes do trabalho precisa estimular o cunho preventivo cada vez mais para que o custo social seja amplamente diminuído, pois o acidente de trabalho é uma chaga social de elevado custo individual e social.

É importante ainda ressaltar que a indenização devida pelo empregador, na ocorrência de um dano patrimonial ou moral, pode ser cumulável para os dois casos, ou seja, o dano moral é cumulável com o patrimonial.[101]

A responsabilidade objetiva civil não está alheia a críticas. Pelo contrário, há vários autores que oferecem críticas contumazes à teoria do risco, como bem traz Dias[102] referindo-se à obra dos irmãos Mazeaud quando dizem que são insuficientes todos os critérios propostos em substituição aos da culpa, porque é falso o seu ponto de partida: a culpa é condição necessária da responsabilidade civil.

Já Lima[103] nos traz a crítica dos irmãos Mazeaud de uma forma mais sistematizada, a saber:

a) A teoria do risco é resultante da influência de ideias positivistas; é uma concepção materialista do Direito, porque regula relações entre os patrimônios, abstraindo-se das pessoas. Só estas existem, sob o ponto de vista jurídico, não se podendo, pois, eliminar a pessoa, com alma e vontade. O problema da responsabilidade civil ultrapassa o aspecto puramente material do patrimônio e penetra no domínio da pessoa, de seus pensamentos, de seus sentimentos, de suas afeições.

b) A teoria do risco se apoia na socialização do Direito, estando impregnada de ideias socialistas. Desloca o centro da aplicação do direito do indivíduo para a sociedade, quando aquele, na verdade, continua a ser o ponto central do Direito, que regula os direitos e deveres individuais a fim de assegurar a ordem social. Ademais, que se deve entender por interesses sociais? Como defini-los e fixá-los? Qual o critério para se determinar e para saber onde está realmente um interesse social a superpor-se a um interesse individual? Tal teoria (do risco) não teve outro objetivo senão o de favorecer os modestos recursos contra os poderosos.

c) A teoria do risco é a estagnação da atividade individual, paralisando as iniciativas e arrastando o homem à inércia. Diante da responsabilidade sem culpa, de nada valem a prudência, a conduta irreprovável, as precauções e cautelas, porquanto o agente deverá assumir a responsabilidade de todos os danos que possam resultar das suas ações lícitas e necessárias. As leis de

---

(101) Nesse sentido, Súmula n. 37 do STJ: "São cumuláveis as indenizações por dano material e dano moral oriundos do mesmo fato".
(102) DIAS, José de Aguiar. Ob. cit., p. 85.
(103) LIMA, Alvino. *Culpa e risco*. 2. ed. rev. e atualiz. Prof. Ovídio Rocha Barros Sandoval. São Paulo: Revista dos Tribunais, 1999. p. 190-191.

acidentes de trabalho apenas regulam a reparação de uma parte do dano, não tendo adotado integralmente a teoria do risco.

d) A teoria do risco é aplicação das primitivas concepções materiais da responsabilidade, quando o homem, sem o desenvolvimento necessário, não tinha atingido ainda a perfeição de adotar como critério da responsabilidade a noção de culpabilidade, fundada em ideias de ordem moral. Seria regressar aos tempos primitivos e negar toda a evolução da teoria da responsabilidade, a qual, provindo das ideias primitivas da vingança privada e brutal, chegou ao conceito elevado da culpa, cuja supressão importaria em destruir toda a justiça humana.

e) Se a teoria do risco proclama a obrigação de arcar com o risco criado em virtude dos proveitos auferidos pela atividade humana, visto tratar-se de uma compensação entre o proveito e o dano, tal responsabilidade não se justifica se não houver proveito. E se o indivíduo, como consequência de sua atividade, deve responder pelo risco criador do dano, deveria também ter direito aos proveitos que terceiros venham a auferir de sua atividade.

f) A teoria do risco não tem posição verdadeira e definida no terreno jurídico. O Direito se funda em noções precisas e não sobre noções de aspectos filosóficos ou econômicos, de contorno mal definido. Não há um princípio fixo, porquanto o conceito de proveito é incerto e mal definido, ao passo que na noção de culpa há um instrumento de controle preciso. A teoria do risco compromete gravemente a própria ordem social.

Nos dias atuais, essas críticas perderam muito da sua sustentação pela própria evolução do pensamento jurídico e principalmente pela já ampla aceitação da teoria do risco como suporte da responsabilidade civil. Complementa-se essa ideia e se solidifica a teoria do risco, na responsabilidade objetiva, pela sua incontestável aceitação nas mais diversas legislações de todo o mundo, através de leis especiais.

Dentre os países que compartilham dessa teoria em sua legislação, além do Brasil, pode-se citar a Dinamarca, a Áustria, a Alemanha, a Itália, a França, na colaboração de Dias.

3

TEORIA DA IMPUTAÇÃO OBJETIVA

Ao adentrar o campo da Imputação Objetiva logo vem à mente a relação com o ramo específico do Direito Penal, o que não deixa de ser uma verdade. Ocorre que, como já abordado anteriormente, busca-se nesta pesquisa uma maneira de entender como uma verdadeira chaga da sociedade, que são os acidentes de trabalho e seus imensos custos sociais, normalmente é sanada pelos demais ramos do Direito com uma visão restritiva de cunho econômico. Quer dizer que pela reparação econômica de uma perda grave ou até de óbitos se satisfaz a sociedade. Não seria momento de um basta aos simplismos resolutórios por meio de uma sanção mais rigorosa aos responsáveis pelos danos ocorridos, utilizando, nas palavras de Silva Sánchez,[104] as virtudes do Direito Penal como instrumento de proteção dos cidadãos?

A conexão a ser estabelecida pela teoria da imputação objetiva em relação aos acidentes de trabalho nos leva a questionar se no ambiente de trabalho está se criando um risco que possa juridicamente ser desaprovado; e no caso de o acidente acontecer, se o risco está se realizando. Determinar se a conduta humana, na manifestação da vontade de um fazer ou não fazer, pela implantação ou não dos métodos preventivos, é determinante no resultado, pois a imputação ao tipo objetivo pressupõe a criação de um risco juridicamente desaprovado e a realização desse risco no resultado.

Há de se discutir, trazendo à luz as ideias que criticam e as que defendem a teoria do risco, do risco permitido, da criação do risco não permitido, ou seja, a ideia de risco, de perigo, tanto abordada por Silva Sánchez,[105] quando se posi-

---

(104) SÁNCHEZ, Jesús-María Silva. *A expansão do Direito Penal:* aspectos da política criminal nas sociedades pós-industriais. Trad. Luiz Otávio de Oliveira Rocha. São Paulo: Revista dos Tribunais, 2002. p. 21.
(105) *Ibidem*, p. 29.

ciona sobre a crescente questão tecnológica na configuração do risco como de procedência humana e sendo um fenômeno social estrutural.

A questão mais intensa que se apresenta é se não seria prematura a discussão da imputação objetiva nos acidentes de trabalho graves e/ou nos óbitos se no Direito Penal por excelência, aquele das caracterizações específicas dos tipos penais, ainda é tema inconcluso e distante de uma unanimidade. A imputação objetiva complexifica o aprendizado em relação à teoria finalista, e trará ela tão importante ganho em relação a esta para justificar o esforço empreendido na sua justificação e implementação?

Esta pesquisa visa, na medida do possível, a trazer à luz estudos já realizados no Direito Penal através do método indutivo de grupos de casos, indicando caminhos para sua necessidade e justificação e, mesmo temendo beirar a ousadia, formar um paralelo com os graves casos de acidentes de trabalho que muito penalizam a sociedade, atingindo seus cidadãos, que é o bem jurídico protegido e mais valioso ao Direito Penal, justificando por si só, no mínimo, a necessidade de aprofundar a discussão em relação ao que até hoje se realizou.

Outro importante suporte para a pesquisa está na imputação objetiva civil, que no campo específico dos acidentes do trabalho tem ampla discussão e regulamentação. A responsabilidade sem culpa ou objetiva do Direito Civil está amparada na teoria do risco, e em se falando de acidentes de trabalho torna-se importante base de apoio tanto nas decisões já proferidas como nas análises específicas e esmiuçadas da teoria do risco.

A teoria da imputação objetiva percorreu longo caminho até os dias atuais. Foram vários estudos ao longo da história, os quais tentavam auxiliar na análise de fatos que não eram atendidos na sua plenitude pela teoria finalista. Muitas destas teorias que serão referenciadas a seguir possibilitaram o surgimento da moderna teoria da imputação.

3.1. CONTEXTO HISTÓRICO DA IMPUTAÇÃO OBJETIVA

Permite-se um recorte para iniciar a questão histórica na superação do naturalismo[106] pelo neokantismo[107], qual seja, naquele, os conceitos eram de valoração, o que quer dizer não científicos, segundo os quais a ação modificatória no mundo exterior é causa voluntária e a culpabilidade consiste na relação subjetiva entre autor e fato. A antijuricidade é a relação de contrariedade entre o comportamento e as normas de ordem jurídica, ou seja, não há o que valorar, basta verificar. Neste, o neokantismo, questiona-se o uso só das ciências naturais como

---

(106) ROXIN, Claus. *Funcionalismo e imputação objetiva no direito penal*. Trad. Luiz Greco. 3. ed. Rio de Janeiro: Renovar, 2002. p. 10-12.

(107) *Ibidem*, p. 13-14.

ciência e coloca-se o Direito como uma ciência da cultura, amparada em um sistema de valores, um conjunto de valorações. Analisa-se o fato sob a perspectiva de sua lesividade social e a culpabilidade se desapega do estado meramente psíquico para tornar-se a avaliação do fato sob o prisma da reprovabilidade do autor. Sob esse aspecto interessa, portanto, iniciar a discussão da imputação objetiva como ideias precursoras ou como os primeiros esforços que se entabulam nesse sentido.

Se a sociedade estabelece códigos de conduta para as ações humanas, em contrário senso, reprova as que são contrárias a esses códigos. Estabelece-se então o dever de cumprir esses códigos de conduta, ou, como diz Kant,[108] o dever é a ação a que uma pessoa se encontra obrigada, ou seja, a licitude de uma ação se dá quando ela não é contrária à obrigação. Por conseguinte, a ilicitude é a ação contrária à obrigação, e essa ação tem a reprovação da sociedade, sociedade essa que busca acima de tudo a justiça, através da normatização das condutas que são leis de liberdade e, portanto, leis morais. De acordo com Kelsen,[109] a justiça é uma virtude, e a virtude é uma qualidade moral; portanto, a justiça pertence ao domínio da moral.

Assim, na projeção de Kelsen,[110] a justiça é a qualidade de uma específica conduta humana, aquela conduta que consiste no tratamento dado a outros homens. O juízo segundo o qual uma tal conduta é justa ou injusta representando uma apreciação, uma valoração da conduta. Conforme os autores, toda conduta que fere a justiça do meio social merece a reprovação através de previsão legal do Direito, e todo o indivíduo tem o dever de, por meio de sua moral, saber que tal ação é contrária à justiça e que por isso precisa ser reparada.

Tem-se também a afirmação de Herkenhoff,[111] que diz ser o valor maior a justiça. Que se há um conflito entre a lei e a justiça, que prevaleça a justiça, por fidelidade à própria lei, que não é um amuleto, mas deve ter como fim a justiça, o bem comum, os valores oriundos da ética, o progresso, o avanço da sociedade em direção à maior justiça, melhor distribuição dos bens, maior igualdade. A sociedade observa as condutas que ferem a justiça e exerce pressão para que o legislador estabeleça a obrigação de coibir tal ação.

Uma primeira conceituação de imputação objetiva para o Direito coube a Karl Larenz,[112] que inicia sua fundamentação sobre a filosofia de Hegel para falar de imputação objetiva. Para Hegel, a liberdade é inerente ao homem enquanto sujeito

---

(108) KANT, Emmanuel. Ob. cit., p. 36.
(109) KELSEN, Hans. Ob. cit., p. 41.
(110) *Ibidem*, p. 42.
(111) HERKENHOFF, João Batista. Ob. cit., p. 23.
(112) Ainda conforme ROXIN, Claus. Ob. cit., p. 15-20.

racional, a qual é manifesta no mundo através da vontade, livre e moral. Esta se exterioriza através de uma ação, sendo essa ação a objetivação da vontade. Como a vontade tem o poder de controlar os cursos de causa em certo sentido, pode-se afirmar que, por fim, o resultado é obra do sujeito. A teoria da imputação objetiva visa exatamente a resolver esse problema, qual seja, distinguir ação de acaso e definir a atribuição ao sujeito quando um acontecimento é ato desse sujeito e pelo qual ele pode ser responsabilizado.

Se nesse caso a ação é a vontade, o que estiver contido nessa vontade será atribuível ao sujeito, sendo imputadas as consequências da ação dominada por uma finalidade, e o acaso será aquilo que não estiver contido na vontade, ou melhor, aquilo que for estranho à vontade, não conhecido. A partir disso ocorre uma distinção entre a ideia de Hegel e de Larenz, pois enquanto Hegel aborda a noção de sujeito individual, homem físico, Larenz dá lugar à ideia normativa de pessoa, ser racional, e a essa pessoa enquanto ser racional podem ser atribuídas as consequências objetivamente previsíveis.

Alguns anos após Larenz, segundo estudo de Roxin,[113] Honig leva a ideia da imputação objetiva para o Direito Penal. Ele alude à crise da teoria da causalidade, segundo a qual o nexo causal entre um comportamento e um resultado é insuficiente para o Direito, para preconizar a necessidade de um nexo normativo, construído segundo as necessidades da ordem jurídica, para que uma causação adquira importância para o Direito. A vontade aqui não deve ser compreendida em termos subjetivos, no sentido do que o autor almejava, mas, sim, em termos objetivos, como aquilo que o autor podia ter almejado. Portanto, essa direção objetiva da vontade é a peça-chave no juízo de imputação, pois será imputável aquele resultado que se possa considerar dirigido a um fim, sem considerar aqueles imprevisíveis, não compreendidos na direção objetiva da vontade.

Após esses autores ocorreu um vazio na discussão da imputação e ao largo de uns 30 anos as teorias não versavam sobre a imputação, mas elas podem ser vistas como as verdadeiras precursoras da atual teoria da imputação objetiva. Uma delas é a teoria da causalidade adequada, que pode ser resumida, em outras palavras, na condição que produza um resultado de modo previsível. Segundo Roxin,[114] a teoria da adequação causal será unicamente a condição adequada do resultado, isto é, aquela condição que, segundo as relações comuns da vida social, possua idoneidade genérica para produzir tais lesões. As condições imprevisíveis do resultado não são causas em sentido jurídico. Essa previsibilidade, apesar das controvérsias iniciais, será tudo aquilo que um homem prudente, dotado dos conhecimentos médios adicionados aos conhecimentos especiais de que o autor

---

(113) *Ibidem*, p. 20-22.
(114) *Ibidem*, p. 25-27.

porventura disponha, no momento da prática da ação (*ex ante*) entenda como tal. Logo, para que se examine se uma ação é ou não causa adequada do resultado, basta que se pergunte se um homem prudente, colocado na posição do autor, teria a possibilidade de prever o resultado. Por exemplo, mandar um tio a uma viagem de avião na qual ele morre por atentado terrorista. Inexiste causalidade pela imprevisibilidade, mas, se o autor soubesse do atentado, o juízo de previsibilidade objetiva deveria ser formulado partindo-se também desses conhecimentos especiais e, claro, teria o autor causado o resultado, pois seria previsível.

A contribuição dessa teoria para a da imputação objetiva se deve principalmente ao fato de se demonstrar a insuficiência das teorias existentes até então, que se baseavam na equivalência na qual causa e resultado tinham o mesmo peso, pois solucionava a problemática dos crimes qualificados pelo resultado. Ainda tem contribuição ao excluir do campo do penalmente relevante tudo que seja imprevisível, isto é, tudo o que se produza por acaso, e a essa tarefa nenhuma teoria da imputação pode furtar os resultados gerados pelo acaso.

O principal problema da teoria da causalidade adequada é que, se por um lado tem enorme fecundidade prática, por outro lado confronta-se com sua insustentabilidade teórica. Segundo Roxin,[115] quem aponta o caminho para a solução deste dilema é Mezger, que consegue uma formulação que atinge os resultados desejados pela teoria da adequação utilizando fundamentos teóricos distintos. Ele remonta a que a teoria da equivalência é a única correta para a causalidade, pois causa será, mesmo, toda condição do resultado. Seu problema, da teoria da equivalência, é igualar nexo causal e nexo de responsabilidade. Ainda segundo Mezger, para o Direito Penal, só será típica a causação que se puder dizer relevante. O fato de todas as etapas de uma cadeia causal serem "causalmente" equivalentes não implica em sua equivalência jurídica.

Então, na teoria da relevância, o autor primeiro engloba dentro de si o juízo de adequação, a problemática dos crimes qualificados pelo resultado, em que será irrelevante tudo aquilo que for imprevisível para o homem prudente, sendo que só o objetivamente previsível é causa relevante de um resultado. Ele mantém, como já fizera Honig, separado o problema ontológico da causalidade, do problema normativo, da relevância, ao contrário do que ocorre na teoria da adequação que, por vezes, os confundia.

Outra proposta teórica precursora da teoria da imputação objetiva é a ideia de adequação social de Welzel, esta igualmente trazida por Roxin[116]. Diz o autor jamais serem típicas aquelas ações que, apesar de formalmente subsumíveis aos tipos, permaneçam funcionalmente integradas à organização da vida comunitária de um povo em determinado momento histórico. Como exemplo tem-se o caso

---

(115) *Ibidem*, p. 28-30.
(116) *Ibidem*, p. 31-34.

do sobrinho que manda o tio à floresta esperando que ele seja atingido por um raio — o que vem realmente a ocorrer —; move-se dentro dos limites do socialmente adequado, de modo que sua ação, mesmo que causadora do resultado, não é típica. Ou, ainda, as privações de liberdade a que todos se submetem dentro de um transporte público, que só para em determinados pontos, não podem ser consideradas sequestro.

A fundamentação que Welzel dá à sua teoria da adequação social guarda bastante proximidade, sem ser uma identidade com o que se costuma dar à ideia de risco permitido, que se verá mais adiante. A crítica à teoria da adequação social repousa na sua imprecisão, graças à compreensão que ela tem das ações que se consideram socialmente adequadas, mas que são causais para a destruição do bem jurídico, pois aceita que se realize a verdadeira vocação desse bem, que é o de exercer sua função social, em vista da sua imprecisão, não se podendo considerá-las típicas, e muito menos tipificáveis.

Contribui, porém, o autor como precursor da imputação objetiva ao, como já dito anteriormente, aproximar sua fundamentação para próximo ao risco permitido. Ainda, a adequação social foi construída para solucionar problemas que, em parte, hoje são resolvidos no âmbito da imputação. A rejeição que sofreu tem seu mais forte motivo no fato de que a imputação objetiva se mostra mais apta a resolver esses problemas do que a imprecisa ideia de adequação social. Por fim, a adequação social, como o risco juridicamente irrelevante ou o risco permitido, representa um ponto de vista objetivo a limitar o alcance dos tipos.

A teoria social da ação, que segundo os defensores atuais define ação como o comportamento humano socialmente relevante ou ainda como comportamento socialmente relevante, dominado ou dominável pela vontade humana, na sua concepção original conceitua a ação como comportamento dotado de sentido social. A conexão com teoria da imputação objetiva é clara, pois o conceito de ação da teoria social tem em seu interior o juízo de adequação que, como já se viu, é precursor e parte integrante da moderna teoria da imputação objetiva, conforme ensina Roxin.[117]

A teoria finalista da ação é paradoxalmente inimiga da imputação objetiva, como diz Roxin,[118] visto que os fundamentos básicos de cada teoria são opostos, pois enquanto a primeira põe ênfase no subjetivo, a segunda enfatiza o objetivo. Contudo, há algumas contribuições que merecem ser consideradas: a primeira delas foi entender o ilícito como contrariedade a uma norma de determinação; a segunda foi sublinhar a presença de um desvalor da ação como a peça-chave de todos os ilícitos; a terceira foi a consequente valorização da perspectiva *ex ante* no juízo de ilicitude.

---

(117) *Ibidem*, p. 35.
(118) *Ibidem*, p. 37 e ss.

O Direito deve indicar ao destinatário quando sua ação é proibida no exato instante em que ele começará a realizar a conduta, isto é, adotando uma perspectiva *ex ante*. Basta por ora ressaltar que as ideias do injusto como contrariedade a uma norma de determinação, a um imperativo, e o correlato reconhecimento de um desvalor da ação bem como da perspectiva *ex ante* são geralmente aceitos, mas não se esquecem da norma de valoração, do desvalor do resultado, da importância da complementação da perspectiva *ex ante* com a perspectiva *ex post*. Não se absolutiza o ponto de vista subjetivo, a finalidade, mas se reconhece a necessidade de ser a ação dotada de certa periculosidade, de um perigo objetivo, para que se legitime a sua proibição.

Ainda, como precursora da imputação objetiva, a teoria do crime culposo, a culpa pressupondo a violação do cuidado objetivo. A ação culposa é aquela realizada sem o cuidado devido, sem aquelas precauções que o homem prudente e consciencioso toma a cada passo de seu dia. É fundamental dizer que a culpa não se esgota na violação do cuidado devido, é preciso a causação do resultado lesivo e um nexo entre a ação descuidadosa e a lesão. Na verdade, como diz Roxin,[119] os conceitos básicos da imputação objetiva nada mais são do que a teoria do crime culposo, mas com diverso nome e alcance.

O diverso nome, segundo o autor, é aquilo que anteriormente se chamava de violação do cuidado objetivo, que no seio da imputação objetiva ganha o nome de criação de um risco juridicamente desaprovado. O nexo de antijuridicidade passa a chamar-se realização do risco. Porém, substancialmente, trata-se da mesma problemática, com idênticos fundamentos e idêntica solução.

No caso do diverso alcance, ainda pelo autor, enquanto a teoria do crime culposo tem seu âmbito de aplicação restrita ao delito culposo, a imputação objetiva quer ser aplicada a todos os tipos, os culposos e os dolosos. Dessa forma, o maior progresso da imputação objetiva foi levar os critérios do crime culposo para o bojo do doloso, mostrando que inexiste dolo sem culpa, que o dolo pressupõe culpa.

Ainda na questão histórica da imputação objetiva, é interessante abordar o princípio da evitabilidade de Karhs, trazido por Roxin,[120] pois a comunidade jurídica procura, através das normas jurídicas, estimular resultados socialmente benéficos e evitar os socialmente lesivos. Daí que o princípio da evitabilidade dispõe que um resultado só será imputado ao autor se este não o evitar, apesar de o Direito o exigir. Tal princípio será válido para os delitos de resultado, tanto dolosos quanto culposos, tanto omissivos quanto comissivos.

---

(119) *Ibidem*, p. 44.
(120) *Ibidem*, p. 53.

3.2. A TEORIA DA IMPUTAÇÃO OBJETIVA

A imputação objetiva questiona, no século XX, o princípio natural de que todo consequente deveria possuir um antecedente preciso e determinado. A teoria da relatividade coloca em xeque essa regra, pondo em debate o tema da probabilidade, segundo o qual há sempre margem de indeterminação nas relações. Conforme Jesus,[121] foi nesse contexto que surgiu a teoria da imputação objetiva como verdadeira alternativa à causalidade. Pretende substituir o dogma causal material por uma relação jurídica normativa entre a conduta e o resultado, com a missão de resolver, sob o ponto de vista normativo, a atribuição de um resultado penalmente relevante a uma conduta.

Ainda, segundo o mesmo autor, não é uma teoria acabada, continuando a ser alterada e discutida, não havendo ainda acordo na doutrina. A dogmática penal atual reconhece a necessidade de a teoria da relação causal ser restringida, sendo a imputação objetiva uma direção, necessitando apenas de convergência quanto à trilha a ser seguida. É amplamente dominante na doutrina, em especial na Alemanha e na Espanha, mas quase desconhecida no Brasil, ao final do milênio passado.

Para Jesus,[122] imputação objetiva significa atribuir a alguém a realização de uma conduta criadora de um relevante risco juridicamente proibido e a produção de um resultado jurídico. Trata-se de um dos mais antigos problemas do Direito Penal, qual seja, a determinação de quando a lesão de um interesse jurídico pode ser considerada obra de uma pessoa.

Segue o autor afirmando que por ser o Direito Penal teleológico, tendo em vista que está construído em relação a fins, a teoria da imputação objetiva pretende dar-lhe fundamentos, ligando a finalidade do agente ao resultado, segundo a descrição típica. É uma teoria autônoma, que não se encontra no campo dos fatos, mas de valores que o Direito Penal pretende proteger. O âmago da questão reside em estabelecer o critério de imputação do resultado em face de uma conduta no campo normativo, valorativo.

Ainda segundo Jesus,[123] de acordo com a teoria da imputação objetiva, o comportamento e o resultado normativo jurídico só podem ser atribuídos ao sujeito quando, em primeiro lugar, a conduta tiver criado ao bem jurídico um risco juridicamente desaprovado e relevante, em segundo lugar, se houver perigo no resultado. O evento é considerado no sentido normativo ou jurídico, e ainda, em terceiro lugar, o alcance do tipo incriminador abrange o gênero do resultado produzido. A imputação objetiva pressupõe a realização de um perigo criado pelo autor e não coberto por um risco permitido dentro da abrangência do tipo.

---

(121) JESUS, Damásio E. de. *Imputação objetiva*. 3. ed. rev. e atual. São Paulo: Saraiva, 2007. p. 23.
(122) *Ibidem*, p. 34.
(123) *Ibidem*, p. 34-35.

A doutrina, no que concerne ao âmbito de aplicação da imputação objetiva, é favorável à aplicação a todos os tipos de crimes, sejam materiais ou não. Da mesma forma, a doutrina emprega o instituto da imputação objetiva para resolver temas referentes tanto à conduta causadora do risco proibido como à atribuição de um resultado a quem realizou uma ação, ou seja, transformação do risco em resultado jurídico. A teoria da imputação objetiva tem sido mais aplicada aos delitos de ação e resultado até o momento, mas devem no futuro estender-se a todos os tipos de infrações penais. Assim, a imputação objetiva constitui elemento normativo do tipo, seja o crime doloso ou culposo, e se distingue dos outros elementos normativos do tipo que são expressos. Ela se encontra implícita nas figuras típicas, assim como o dolo, que configura elemento subjetivo implícito do tipo, como ensina Damásio de Jesus.[124] E, segue, cuida-se de uma exigência típica, de maneira que, ausente a imputação objetiva da conduta ou do resultado, a consequência é a atipicidade do fato.

Introduz-se na figura típica um filtro objetivo, que nos delitos materiais faz com que se exija, como condição complementar, que o autor tenha realizado uma conduta criadora de um risco juridicamente proibido a um objeto jurídico. Assim, produzido um resultado que corresponda à sua realização, distinto da doutrina tradicional que aceita, para compor o fato típico, a conduta dolosa ou culposa, o resultado, o nexo causal e a tipicidade.

Já Roxin,[125] no contexto metodológico do surgimento da teoria da imputação objetiva, em que pretende apresentar a sua necessidade e legitimidade, faz análise através de fundamentos teóricos. Para garantir a sobrevivência dessa construção dogmática, apresenta resultados práticos positivos, pois sem eles não teria sentido a teoria e não passaria de puro discurso.

Ele inicia a fundamentação teórica da imputação objetiva, baseada no princípio do risco, dizendo que dentro de uma perspectiva funcional, de forma político-criminal orientada, os conceitos jurídicos devem ser construídos de maneira a satisfazer a determinadas funções. Nesse sentido, entende que o Direito Penal tem a missão constitucional de proteger subsidiariamente os bens jurídicos fundamentais para a vida em sociedade. O tipo, a estrutura conceitual que determina o que é, em princípio, proibido, não pode isolar-se dessa missão do Direito Penal, que é sua função eminentemente preventivo-geral.

Assim, ainda segundo Roxin,[126] se o Direito Penal proíbe condutas para proteger bens jurídicos, é óbvio que só fará sentido proibir condutas que, de alguma forma, os ameacem, ou, em outras palavras, condutas perigosas, até porque as

---

(124) Ibidem, p. 38.
(125) ROXIN, Claus. Ob. cit., p. 75.
(126) Ibidem, p. 80-81.

normas penais não proíbem ações que sequer gerem riscos juridicamente relevantes. A ideia do risco, centro de toda a moderna teoria da imputação objetiva, fundamenta-se no fato de que o Direito Penal, para proteger bens jurídicos e cumprir sua função preventiva, só pode proibir ações *ex ante* perigosas.

Mas nem todas as condutas perigosas são proibidas pelas normas penais. O dia a dia é repleto de ações que geram riscos altamente significativos, ou, na terminologia da imputação objetiva, juridicamente relevantes. Proibir terminantemente a prática de toda ação perigosa congelaria a vida social, restringindo a liberdade dos cidadãos de modo absolutamente desproporcional ao efetivo ganho em proteção de bens jurídicos, como ensina Roxin.[127] E diz mais, que o Direito Penal objetiva, isso sim, a proteção de bens jurídicos, mas não a proteção a qualquer custo. Só é social e criminalmente defensável proibir ações que, além de arriscadas, ultrapassem o risco permitido. Esse conceito define até que ponto, e sob que condições, o ordenamento jurídico está disposto a aceitar que se pratiquem ações perigosas.

Nessa questão da ponderação do risco, há de se ter em mente a distinção entre liberdade geral dos cidadãos, para não travar a vida social, e os bens jurídicos que se deseja proteger. Assim a preocupação, em especial, se volta ao valor do bem jurídico protegido, o grau de perigo criado pela ação que o ameaça, a existência de alternativas menos arriscadas, entre outras.

Satisfaz-se assim o primeiro requisito da imputação objetiva, qual seja, a criação de um risco juridicamente desaprovado. Para que esse resultado possa ser imputado a alguém, é preciso que ele (o risco) surja como a realização do risco criado pelo autor, sempre em consideração da função preventivo-geral do Direito Penal. Não seria funcional atribuir ao autor responsabilidade por riscos não criados por ele.

Ainda a realização do risco depende, como ensina Roxin,[128] de requisitos decorrentes da mesma ideia preventivo-geral: em primeiro lugar, a previsibilidade do resultado, e do curso causal que a ele levou. Afinal, não faz sentido querer evitar, mediante ameaça penal, aquilo que ninguém pode prever. Só resultados e cursos causais previsíveis podem ser imputados ao autor. Em segundo lugar, o resultado deve pertencer àquele círculo que a norma de determinação pretendia evitar: resultados alheios ao fim de proteção da norma não são imputáveis. Por exemplo, a norma proíbe ultrapassagens perigosas e tem por finalidade evitar colisões, mas se o motorista ultrapassado sofre, em virtude do susto, um ataque cardíaco, tal resultado encontra-se fora do fim de proteção da norma. Por fim, se o Direito Penal quer proteger bens jurídicos através de proibições de condutas criadoras de riscos juridicamente desaprovados, não faz sentido punir alguém nos casos em

---

(127) *Ibidem*, p. 82.
(128) *Ibidem*, p. 86.

que, apesar da causação do resultado, este se mostra inevitável, uma vez que teria ocorrido mesmo com a observância dos limites do risco permitido.

Em resumo, segue afirmando o autor, a imputação objetiva encontra seu fundamento na ideia de que o tipo tem de ser reconstruído a fim de cumprir uma função preventiva, de proteção de bens jurídicos. Essa funcionalização do tipo faz com que só mereçam ser proibidas ações *ex ante* perigosas, que ultrapassem o risco permitido. Igualmente, a função preventiva só será plenamente satisfeita se o risco *ex post* realizado no resultado for aquele que o autor criou, e não outro.

Os fundamentos da teoria da imputação objetiva são mais do que sólidos, na opinião de Roxin,[129] uma vez que se alicerçam nas funções do tipo, as quais remetem à função do Direito Penal, que, por sua vez, é diretamente fundada na Constituição Federal e na ideia do Estado Social e Democrático de Direito. Contudo, a prova de fogo de qualquer teoria jurídica é sempre a questão da sua utilidade prática. A análise dos julgados de nossa jurisprudência comprova que precisamos de uma teoria da imputação objetiva.

Para o enriquecimento do debate traz-se à luz a visão de imputação objetiva elaborada por Jakobs, abordada por Luís Grecco na obra de Roxin.[130] Para Jakobs, só será objetivamente típica a ação que, de um ponto de vista objetivo, isto é, com independência do que pense ou deseje o autor, viole um papel: esse papel traduz-se, dogmaticamente, na figura da posição de garantidor, adotada pela dogmática tradicionalmente apenas para delimitar o âmbito do delito omissivo impróprio. Ao autor somente serão imputados aqueles riscos cuja evitação cumpra a ele garantir, aqueles riscos em face dos quais ele desempenhe uma posição de garantidor — pouco importando se o autor provoca o resultado por ação ou omissão. Em sua opinião, uma causação do resultado sem posição de garantidor será, no máximo, uma omissão de socorro.

Vale ressaltar que, como toda novidade, a teoria da imputação objetiva enfrenta algumas travas na sua expansão e em sua plena implementação. Com o avanço das discussões, percebe-se não uma resistência mais branda, mas, sim, um envolvimento maior na discussão e a consequente derrubada das barreiras pela compreensão de soluções que oferece tal teoria. No plano do tipo objetivo do delito culposo, por exemplo, começa a ganhar campo o posicionamento de que os critérios da culpa nada mais são do que os da imputação objetiva, não havendo mais necessidade de uma teoria do tipo culposo. Ao contrário do caso do tipo objetivo do delito omissivo, que mantém em predominância a sua feição pré--imputação objetiva. Outro ponto de convergência é a substituição da *conditio sine qua non* pela teoria do aumento do risco, ou de desenvolver a figura da ingerência

---

(129) *Ibidem*, p. 89.
(130) *Ibidem*, p. 125 e ss.

(comportamento anterior arriscado) com base nos critérios da imputação objetiva, como diz Roxin.[131]

Ainda, segundo o autor[132], um problema bastante óbvio que a teoria da imputação representa, em especial para nós, no Brasil, é o uso de conceitos pouco determinados e fortemente com cuidado especial para dois deles: o risco juridicamente desaprovado/permitido e o fim da proteção da norma. Para o autor, tais critérios não são fórmulas mágicas para legitimar qualquer decisão e contornar o dever de fundamentá-lo de modo racional. Um risco não é juridicamente aprovado ou desaprovado, ele é aprovado ou desaprovado em relação a certo bem jurídico. Também o fim de proteção da norma não se esgota em si, mas, sim, na necessidade de se apontar a que norma se está fazendo referência, que espécies de bens jurídicos ela tem por objetivo proteger, que cursos causais ela quer impedir. Sempre que possível, deve-se procurar um grupo de casos mais concreto, menos indeterminado, que seja capaz de resolver o problema com segurança.

De toda maneira, há uma necessidade de analisar a questão sob um novo prisma ou paradigma, haja vista que os interesses de proteção atual são extremamente distintos dos interesses do início do século passado. Silva Sánchez[133] diz que o Direito Penal é um instrumento qualificado de proteção de bens jurídicos especialmente importantes e por isso parece obrigatório levar em conta a possibilidade de que sua expansão obedeça já à aparição de novos bens jurídicos. E segue o autor afirmando que a sociedade atual aparece caracterizada por um âmbito econômico rapidamente variante e pelo aparecimento de avanços tecnológicos sem paralelo em toda a história da humanidade. Isso tem trazido consequências negativas, sendo dentre elas uma de suma importância, qual seja, a configuração do risco de procedência humana como fenômeno social estrutural.

Um exemplo prático, na questão da expansão do Direito Penal, via teoria da imputação objetiva, é trazido por Roxin[134] para o caso do art. 13, *caput*, do Código Penal Brasileiro,[135] que, segundo a doutrina amplamente majoritária, o compreende como a consagração legislativa da fórmula da *conditio sine qua non*.[136] O efeito desse dispositivo sobre a teoria da imputação, a rigor, é nenhum, pois trata unicamente da relação de causalidade, que implica a adoção da teoria da equivalência

---

(131) *Ibidem*, p. 158.
(132) *Ibidem*, p. 165.
(133) SÁNCHEZ, Jesús-María Silva. Ob. cit., p. 27-29.
(134) ROXIN, Claus. Ob. cit., p. 170-171.
(135) BRASIL. CP, art. 13, *caput*: "O resultado, de que depende a existência do crime, somente é imputável a quem lhe deu causa. Considera-se causa ação ou omissão sem a qual o resultado não teria ocorrido".
(136) Também denominada equivalência dos antecedentes, na qual todos os elementos antecedentes têm o mesmo valor.

dos antecedentes. O artigo não determina que a realização do tipo objetivo se limitará à causalidade, e a utilização da palavra "imputação" tampouco significa impedimento ao exercício das ações que possam levar ao resultado, à causa. Por isso o art. 13 deixa as possibilidades abertas para que se venha a complementá-lo através de uma teoria da imputação objetiva.

Ainda no caso prático do art. 13, parece que em seu § 1º[137] sugere-se esse viés consagrando uma exceção à teoria da equivalência, a uma restrição à doutrina da *conditio sine qua non,* um limite à amplitude do conceito de causa, segundo o autor. É o próprio legislador quem decide limitar o alcance da teoria da equivalência através de considerações valorativas, com o que admite a necessidade de uma segunda ordem de raciocínio, distinta da causalidade, para que se possa considerar um indivíduo responsável por um resultado.

3.3. O PRINCÍPIO DO RISCO

Como base de sustentação da teoria da imputação objetiva, a questão do risco merece uma análise em seus desdobramentos como fundamento do Direito Penal. Sobretudo como fator de suma importância no desenvolvimento tecnológico do ambiente de trabalho e de forma mais latente pela forte presença nos acidentes do trabalho. Não esquecendo a questão mais ampla da sociedade tecnológica, crescentemente competitiva, que desloca para a marginalidade não poucos indivíduos, que imediatamente são percebidos pelos demais como fonte de riscos pessoais e patrimoniais, como afirma Silva Sánchez[138]. Igualmente, o progresso técnico dá lugar à adoção de novas técnicas como instrumento que lhe permite produzir resultados especialmente lesivos: assim mesmo, surgem modalidades delitivas dolosas de novo cunho que se projetam sobre os espaços abertos pela tecnologia, e se pode acrescentar, dentre outros, os acidentes do trabalho.

É então necessária, para uma melhor evolução do tema do risco, uma análise em princípio teórica do conceito e de como esse ingressou no cotidiano das relações no âmbito social. No intuito de estabelecer um corte histórico, o raciocínio de Beck[139] traz a interessante ideia da compreensão de risco em um contexto de época dos descobrimentos da navegação com a conotação de coragem e aventura e estritamente vinculado a riscos de cunho pessoal. Diferentemente da modernidade avançada, em que a produção social de riqueza vem sistematicamente

---

(137) BRASIL. CP, art. 13, § 1º: "A superveniência de causa relativamente independente exclui a imputação quando, por si só, produziu o resultado; os fatos anteriores, entretanto, imputam-se a quem os praticou."
(138) SÁNCHEZ, Jesús-María Silva. Ob. cit., p. 29.
(139) BECK, Ulrich. *La sociedad del riesgo:* hacia una nueva modernidad. Barcelona: Ediciones Paidós Ibérica S.A., 1998. p. 27.

acompanhada pela produção social de riscos. Para o autor, surge o problema da produção e de como repartir os riscos produzidos de maneira técnico-científica em substituição aos problemas e conflitos no repartir da sociedade da carência.

É de profunda importância a percepção de amplitude dos riscos produzidos, pois esses estão entranhados em todos os aspectos da vida no planeta. A desmesurada exploração da natureza e o violento desenvolvimento tecnológico estão à frente de todo o cipoal de dificuldades que está na esteira dessa autoameaça civilizatória. Os riscos ultrapassaram a esfera da percepção mediante os sentidos e se instalaram na esfera das fórmulas químico-físicas e, de uma forma globalizante, com sua origem na sobreprodução industrial. A ameaça se tornou global em todos os níveis da vida terrestre (humana, animal e vegetal) graças às suas causas modernas, por isso há riscos na modernização, basicamente por causa do desenvolvimento industrial.

Dessa forma, a discussão da imputação objetiva, voltada aos perigos das forças produtivas muito desenvolvidas, parece pobre e quase sem sentido. Porém, assim mesmo, sendo só uma faceta dos riscos criados e ampliados pela tecnologia no ambiente laboral, nada ou quase nada se fez sobre esse tema. Mortes e mutilações seguem ocorrendo na exposição a esses riscos. Ou ainda, como nos diz Beck,[140] a divisão do trabalho muito diferenciada lhe corresponde uma cumplicidade geral e a esta uma irresponsabilidade geral. Cada qual é causa e efeito e, portanto, não é causa, porque as causas se diluem em uma mutabilidade geral dos atores e das condições, como das reações e das contrarreações. Perde-se a linha específica da conduta e se pode fazer algo e seguir fazendo sem ter a responsabilização pessoal do feito, pois se atua fisicamente, mas não moral e politicamente.

Já na opinião de Luhmann,[141] o conceito de risco, além de aparecer nas diversas especialidades científicas e inclusive nas mais variadas ciências, agrega nos dias de hoje uma justificação da ganância empresarial por meio da função de absorção das margens de inseguridade. Sem dúvida, num contexto econômico moderno, logra-se uma vinculação das teorias macro e microeconômicas, mas se forma esse dogma entre o risco e a insegurança — ou inseguridade, como refere o autor.

É importante ressaltar a opinião do autor[142] quando afirma que há uma estrutura e tendências ao desvio estrutural na análise racional dos erros cometidos. E diz não ser uma prerrogativa da pessoa física a incapacidade ou o descaso na questão dos riscos, senão também que os riscos não são quantitativamente calculados onde a racionalidade é parte integrante das obrigações e de onde se

---

(140) *Ibidem*, p. 39.
(141) LUHMANN, Niklas. *Sociologia del riesgo*. México: Universidad Iberoamericana/Universidad de Guadalajara, 1992. p. 43.
(142) *Ibidem*, p. 44.

espera especial prudência e responsabilidade no manejo dos riscos, qual seja, na administração das organizações.

De outra parte é possível também que se tenha de considerar que o umbral de risco, nas palavras de Luhmann,[143] pode fixar-se de maneiras muito diversas, conforme seja o caso de como o indivíduo participa no risco, se como portador ou detentor das decisões ou como afetado pelas decisões que ofereçam risco. Todavia, tudo isso tem lugar e relevância na condição de que a negação de um risco, qualquer que seja seu nível de importância, constitui também, por sua vez, um risco.

Parece de fácil definição a questão da abordagem dos riscos pelo seu grau de importância ou pela gravidade da presença dele nas atividades cotidianas. A tal tarefa cabe tal grau e distinção de risco, se realizada a tarefa e ocorrer o resultado do risco previsto, cabe responsabilidade; porém, antes de cometer tal leviandade, necessita-se fazer um corte que divide dois lados e perguntar qual a forma que orienta o observador quando afirma qual dos aspectos é um risco. O grau de responsabilidade do agente está ligado à definição do nível dos riscos e da aceitação desses pela sociedade, até porque não existe nenhuma conduta livre de risco, como também não existe a absoluta segurança.

Ainda analisa Luhmann[144] a questão da prevenção, quase antecipando a ideia do risco permitido, que se verá mais adiante. Afirma ele que por prevenção deve entender-se em geral o preparo feito para evitar danos futuros, buscando diminuí-los na proporção em que surjam e que as dimensões do dano se reduzam. Essas estratégias preventivas são simultâneas ao risco possível e têm sua causa na consideração das inseguranças que se apresentam no cotidiano.

A questão sociológica da abordagem dos riscos, que como já se viu acima é um fator de comunicação, tem um capítulo especial quando se trata do tema no interior das organizações. Elas, as organizações, só reconhecem como próprias as comunicações dos seus membros, e isso ocorre exclusivamente quando se comunicam entre si os membros de decisão, como ensina Luhmann.[145] Sobretudo as organizações podem servir-se disso para condicionar o comportamento dos seus membros, diferentemente do que ocorre com o comportamento dos seus não membros. Seriam decisões relativas à aceitação das premissas das decisões, incluindo as condições necessárias para uma modificação legítima ou a mudança da especificação das premissas de decisões mesmo. Portanto, uma decisão requer, como condição necessária, para converter-se propriamente em decisão, outras decisões. E quando não as podemos descobrir como tal, isto é, como decisões, se simulam. Com isso, as omissões resultam também em decisões. Por exemplo, as medidas preventivas não foram tomadas de forma adequada em atividade de

---

(143) *Ibidem*, p. 45 e 61.
(144) *Ibidem*, p. 73.
(145) *Ibidem*, p. 240.

risco causando acidente, isso envolve todas as características apontadas de comunicação, definição de decisões e omissão.

E, seguindo com Luhmann,[146] essa superposição de tomada de decisões e dos riscos nos oferece uma explicação de alguns fatores essenciais do comportamento comunicativo das organizações: nesse ponto de vista, fala-se com frequência das burocracias, e bem entendida a amplitude do fenômeno burocrático, este exclui a diferenciação em manejar os riscos como tarefa especial de responsabilidade plena das instâncias oficiais da organização, para se apegar na indolência da coisa burocrática e administrativa.

A burocracia é capaz de acompanhar com autorizações parciais a perigosa experiência com instalações de grande tecnologia. Estas devem ser construídas para que os riscos possam ser conhecidos e, na medida do possível, para que possam ser eliminados. Os sinais ou indícios de segurança são, em geral, objeto de uma sobrevalorização, seja na direção do praticamente seguro ou na direção do extremamente improvável. A inseguridade se reduz quando se dá um trabalho coletivo de decisão, mas também na forma de apresentação de projetos por parte dos protagonistas. À solução favorecida em um princípio se agrupam argumentos que permitem fazer aparecer o risco restante como algo aceitável, pois entre as experiências mais importantes em relação aos riscos estão o aparecimento de uma mudança repentina de valoração, em oposição a nossas esperanças e nossos cálculos, quando ocorre um dano antes tido como improvável, conforme Luhmann.[147]

O autor ainda refere que esperamos da direção das organizações decisões de maior alcance, pois a ela incumbe a última palavra, tomar a decisão última em relação aos conflitos internos. Está obrigada a fazer-se responsável pelos contatos externos de maior significância, e, em todos esses sentidos, tanto as decisões como as não decisões caem na esfera de sua competência. A investigação empírica disponível mostra a existência de uma expectativa em relação à aceitação do risco como parte constitutiva das funções dos gerentes de alto nível. Essa ideia não pode modificar em nada a circunstância de que a direção do sistema é ativa, que tanto o planejamento como as decisões relativas ao curso que se há de seguir só têm lugar no sistema. Fora de toda a discussão fica o entramado comunicacional do diálogo de chefes e subalternos, igual aos problemas amplamente debatidos relativos ao estilo da direção.

Ainda em relação aos riscos, é interessante trazer à luz o autor Roxin,[148] quando formula seu princípio do risco e apresenta quatro concretizações do referido

---

(146) *Ibidem*, p. 242.
(147) *Ibidem*, p. 244; 246; 261.
(148) ROXIN, Claus. Ob. cit., p. 58.

princípio. Seu princípio: a possibilidade objetiva de originar um processo causal danoso depende de a conduta do agente concreto criar, ou não, um risco juridicamente relevante de lesão típica de um bem jurídico. Nas concretizações dos riscos ele inicia falando da diminuição do risco: ações que diminuem riscos não podem ser imputadas como ações típicas. A seguir, os casos juridicamente irrelevantes: ações que não criam uma possibilidade objetiva de lesão, isto é, ações que não são condições adequadas do resultado, não são objetivamente imputáveis. O terceiro critério é o aumento do risco: tem em vista a resolução dos casos em que o autor foi além do risco permitido, causou o resultado, mas não se sabe se a ação correta o teria evitado, o autor deseja imputar o resultado, se a ação superadora do risco permitido o tiver aumentado de modo relevante. E, por último, o fim de proteção da norma: aqueles resultados que não se encontrem no âmbito de proteção da norma de cuidado não são imputáveis a quem lhes causou.

3.4. A TEORIA DO RISCO

A teoria do risco, para fixar a responsabilidade, tem raízes profundas nos mais elevados princípios de justiça e de equidade, como afirma Lima.[149] Ante a complexidade da vida moderna, que trouxe a multiplicidade dos acidentes que se tornaram anônimos, a vítima passou a sentir uma insegurança absoluta ante a impossibilidade de provar a culpa. Foi, pois, em nome dessa insegurança da vítima, dessa maioria dos indivíduos expostos aos perigos tantas vezes a serviço da cobiça humana; foi em nome das injustiças irreparáveis sofridas pelas vítimas esmagadas ante a impossibilidade de provar a culpa; foi em nome do princípio da igualdade que a teoria do risco colocou a vítima inocente em igualdade de condições em que se acham as empresas poderosas.

A teoria do risco é, portanto, o alicerce da imputação objetiva e define claramente os seus pressupostos: para Roxin,[150] a criação do risco juridicamente desaprovado e a realização do risco criado pelo autor. Para Jesus,[151] com uma boa dose de similaridade com o autor anterior, só se pode imputar pela teoria do risco quando o sujeito criou risco juridicamente reprovável e relevante. Ainda para esse autor nacional, é necessário que a conduta crie um risco ao interesse jurídico, pois, inexistindo o risco, não se fala em imputação objetiva. Para que o comportamento seja típico, de acordo com a teoria da imputação objetiva, é preciso que o risco seja alcançado pela representação do sujeito. Significa que, embora seja objetiva a imputação, esta não prescinde do elemento subjetivo, quer dizer, de conhecimento do sujeito a respeito das circunstâncias criadoras do risco e do perigo em si mesmo.

---

(149) LIMA, Alvino. Ob. cit., p. 195.
(150) ROXIN, Claus. Ob. cit., p. 84.
(151) JESUS, Damásio E. de. Ob. cit., p. 75-76.

3.3.1. A teoria do risco permitido

Com a difusão dos conceitos de risco, notadamente a partir da obra de Beck[152] acerca da sociedade do risco, complementada a ideia por Silva Sánchez,[153] que a sociedade pós-industrial é, além da sociedade de risco tecnológico, uma sociedade com outras características individualizadoras que contribuem à sua caracterização como uma sociedade de objetiva insegurança. E segue o autor dizendo que a crescente interdependência dos indivíduos na vida social dá lugar, por outro lado, a que, cada vez em maior medida, a indenidade dos bens jurídicos de um sujeito dependa da realização de condutas positivas (de controle de riscos) por parte de terceiros.

Observa-se que vivemos numa sociedade em que o perigo é nosso companheiro diário. A não ser assim, se fôssemos proibir certas atividades para evitar os riscos, a humanidade ficaria estagnada. Na visão de Jesus,[154] as empresas, sejam elas públicas ou privadas, precisam atender às exigências do mercado no sentido de manter acelerada atualização tecnológica. Esses avanços suportam aumento nos riscos de danos a terceiros, conflitando com a melhor demanda preventiva desses riscos. E segue o autor que diante da necessidade de não impor proibição absoluta à prática de atividades arriscadas, mas benéficas à sociedade, o Estado determina os limites de sua utilização por meio de normas jurídicas, regras técnicas, a *lex artis* e o dever de informar-se.

Quando o ordenamento jurídico permite e regula a construção de uma ponte ou a fabricação de um automóvel, um avião, um navio, uma arma de fogo etc., o legislador tem consciência de que a utilização desses bens, ainda que de forma normal, carrega riscos a interesses que ele mesmo pretende proteger. Assim, a condução de veículo motorizado, mesmo que de acordo com as regras regulamentares, traz riscos ao condutor e a todos que se utilizam desse meio de transporte. A não ser assim, seria quase impossível a convivência social com o uso das modernas fontes de energia, da extração de minerais, da produção industrial e agrícola, do transporte automobilístico etc. E há outras condutas humanas realizadas numa multiplicidade de setores, como corrida de automóveis, touradas, domadores de animais, submeter-se a uma cirurgia, a uma anestesia, viajar de avião, de automóvel, de navio ou de trem, praticar esportes violentos, caçar, pescar etc. Trata-se de um risco permitido pela ordem jurídica, como nos traz Jesus.[155]

---

(152) BECK, Ulrich. Ob. cit.
(153) SÁNCHEZ, Jesús-María Silva. Ob. cit., p. 30-31.
(154) JESUS, Damásio E. de. Ob. cit., p. 42.
(155) *Ibidem*, p. 39.

Então, pode-se dizer que o sujeito, mesmo realizando uma conduta sob a tutela do risco permitido, pode dar causa a um resultado danoso e que seja integrante da descrição de um crime, como, por exemplo, a direção normal de um veículo que se envolve em acidentes com vítima pessoal. Porém, considerar-se-á atípico tal comportamento por se tratar de risco permitido, assim também o é a conduta. Quer dizer, a realização de conduta que carrega o risco permitido, ainda que venha a produzir um resultado danoso, em regra, não pode ser creditada como típica ao seu autor ou eventual idealizador, determinador ou causador objetivo. Pois lhe falta a proibição jurídica do risco, ainda que o autor tenha plena consciência do risco.

Ainda conforme Jesus,[156] o risco permitido decorre do progresso da sociedade, especialmente no que tange às invenções e descobertas de novas técnicas e aparelhos num sem-número de setores, como, por exemplo, o da aviação, que há cem anos era considerada uma atividade perigosa e proibida. Ainda, segundo o autor, o risco permitido possui conceitos ontológico e axiológico. É ontológico porque sua presença em determinada situação deve ser considerada em face dos dados do ser, não possuindo nenhum conteúdo normativo. E é axiológico, uma vez que o limite entre o que se admite e o que se proíbe deriva das normas de diligência estabelecidas pela ordem social.

Também nesse sentido, do risco permitido, Roxin[157] diz que, ainda que o autor tenha criado um risco juridicamente relevante, estará excluída a imputação se esse risco se puder dizer permitido.

Enfim, o risco permitido é toda aquela ação tolerada pelas regras do ordenamento social e que, se executada pelo sujeito conforme as normas, tende a desenvolver os riscos naturalmente inerentes a essa ação, suportáveis pelo meio social.

Nesse mesmo sentido pode-se trazer à discussão, pela similaridade interpretativa, os casos das ações que provocam a diminuição do risco e a ausência da criação de perigo. Aquela se refere a toda ação que interfere no resultado no sentido da diminuição do risco, ou seja, o autor modifica um curso causal de tal maneira que diminui a situação de perigo já existente para a vítima, por exemplo, o médico que só posterga a morte do paciente. Esta se refere aos casos em que o autor, ainda que não tenha diminuído o risco de uma lesão a bem jurídico, não o aumentou em medida juridicamente relevante, ou seja, um comportamento que não ameaça um bem jurídico legalmente protegido de modo relevante só pode produzir o resultado por acaso, de maneira que este não poderá ser realizado de modo dirigido a um fim e os dois institutos são fator de exclusão de imputação, como ensina Roxin.[158]

---

(156) *Ibidem*, p. 40.
(157) ROXIN, Claus. Ob. cit., p. 323.
(158) *Ibidem*, p. 315-317.

3.3.2. A teoria do risco proibido

Da mesma forma como o risco permitido, o risco proibido projeta-se sobre todas as atividades humanas, apenas diferenciando este por conter conduta jurídica relevante e ação que está além do permitido, além do dever de cuidado. Todas as atividades têm no seu desenvolver a presença do risco, como já se viu. O que as diferencia entre permitido e proibido são as regras de ordenamento social, a tolerância ou não da sociedade em aceitá-los com uma ou com outra classificação.

Nesse sentido analisa por um exemplo do cotidiano Jesus,[159] quando diz que quem dirige um automóvel, de acordo com as normas legais, oferece a si próprio e a terceiros um risco tolerado, permitido. Se, contudo, desobedecendo às regras, faz manobra irregular, realizando o que a doutrina denomina infração de dever objetivo de cuidado, como uma ultrapassagem perigosa, emprego de velocidade incompatível nas proximidades de uma escola, desrespeito a sinal vermelho de cruzamento, "racha", direção em estado de embriaguez etc., produz um risco proibido. E segue o autor dizendo que esse perigo desaprovado conduz, em linha de princípio, à tipicidade da conduta, seja a hipótese, em tese, de crime doloso ou culposo. Significa que não há um risco proibido para os crimes dolosos e outro para os crimes culposos. O perigo é o mesmo para todas as infrações penais. Assim, se o autor, no trânsito, realizando uma conduta produtora de um risco desaprovado, causa um acidente com morte de terceiro, há a imputação objetiva da conduta e do resultado jurídico.

Para esse autor, a diferença entre o risco permitido e o risco proibido não está na gravidade do perigo, mas sim, em que às vezes é lícito e em outras não o é. Enquanto o risco pertence ao mundo natural, a permissão e a proibição determinam-se de acordo com as regras do ordenamento social. A tolerância para a realização da conduta criadora de risco advém das estruturas sociais, que, por intermédio de diferentes critérios, como já visto, disciplinam o que é lícito e o que é desaprovado. Na aplicação desses métodos devemos ter em conta, em primeiro lugar, a consideração da natureza do bem jurídico, que deve ser encontrada na Constituição Federal.

Um tema de alta importância abordado por Roxin,[160] nesse contexto do risco, diz respeito ao fator de aumento do risco, que tem em vista a resolução dos casos em que o autor foi além do risco permitido, causou o resultado e, dessa forma, imputou o resultado, se a ação superadora do risco permitido o tiver aumentado de modo relevante.

O sutil liame entre o comportamento pelo risco permitido com o aumento do risco, elevando dessa forma para um resultado de modo juridicamente rele-

---

(159) *Ibidem*, p. 40-41.
(160) ROXIN, Claus. Ob. cit., p. 58.

vante, ou seja, para um risco proibido, levou Roxin[161] a desenvolver uma teoria que chamou de teoria do aumento do risco. Essa tem por objeto a questão de imputar ou não um resultado nos casos em que não seja certo, mas unicamente provável ou possível, que o comportamento alternativo conforme ao Direito evitaria o resultado. O exemplo trazido pelo autor auxilia na elucidação: o motorista de um caminhão deseja ultrapassar um ciclista, mas faz a 75 cm de distância, não respeitando a distância mínima ordenada. Durante a ultrapassagem, o ciclista, que está bastante bêbado, em virtude de uma reação de curto-circuito decorrente da alcoolização, move a bicicleta para a esquerda, caindo sob os pneus traseiros da carga do caminhão. Verifica-se que o resultado também teria provavelmente (variante: possivelmente) ocorrido, ainda que tivesse sido respeitada a distância mínima exigida pela Ordenação de Trânsito. No exemplo acima exposto, a opinião aqui sustentada imputará o resultado, pois se, de um lado, não há certeza de que o comportamento correto salvaria a vida do ciclista, haveria possibilidade de que o fizesse. Assim, a superação do risco permitido, pelo desrespeito à distância mínima de ultrapassagem, elevou o risco de um resultado de modo juridicamente relevante.

E segue o autor dizendo que isso decorre da seguinte consideração: se o ciclista falecesse, apesar de a ultrapassagem respeitar a distância necessária, o risco que se teria realizado no acontecimento seria inerente a qualquer ultrapassagem; mas o legislador, com sua autorização, retiraria dos motoristas a responsabilidade por esse risco, não lhes sendo imputável o resultado. Se o autor, por outro lado, ultrapassa o risco permitido, e o resultado ocorre como decorrência do perigo criado na ultrapassagem, ele é imputável, enquanto realização de um perigo proibido. Não existe qualquer razão de retirar esse risco da responsabilidade do autor, pois o limite máximo do risco permitido é determinado pela distância mínima legalmente fixada. Qualquer aumento desse risco fará recair sobre o autor as consequências que possam daí advir.

Para Roxin,[162] assim como nos demais casos de realização do risco, o aumento do risco deve ser verificado de uma perspectiva *ex post*. Devem ser levadas em conta, portanto, todas as circunstâncias que só posteriormente venham a ser conhecidas, como a embriaguez do ciclista, a distância exata, a velocidade do caminhão etc. Com base nesses dados fáticos, deve-se analisar se o respeito ao risco permitido teria diminuído o perigo para o ciclista, ou seja, aumentado as suas chances de salvação. O aumento do risco deve ser avaliado segundo parâmetros normativos, isto é, deve-se verificar, com base no conhecimento *ex post*, se a norma formulada *ex ante* ainda pode ser tida como uma proibição racional, redutora do risco do resultado (nesse caso, o resultado será imputado), ou se, em face dos

---

(161) *Ibidem*, p. 338 e ss.
(162) *Ibidem*, p. 343-344.

novos conhecimentos, a norma se mostra *in concreto* inidônea ou, ao menos, inócua (caso em que não haverá imputação).

3.5. A IMPUTAÇÃO OBJETIVA E OS ACIDENTES DE TRABALHO

Realizada a reflexão sobre a imputação objetiva, ainda que de forma muito resumida e com ausência de maior profundidade, até pela escassa bibliografia no âmbito nacional e estrangeiro, há que se trazer à discussão a temática dos acidentes de trabalho numa análise de seus riscos, com suas teorias, e tentar minimamente confrontá-los com uma nova realidade penal, a imputação objetiva e suas possibilidades frente a esse novo enquadramento. A imputação objetiva traria uma visão diferente para as responsabilidades pelos resultados nos acidentes de trabalho? Poderiam os órgãos das empresas ser responsabilizados criminalmente pelas lesões aos bens jurídicos sob a óptica da imputação objetiva, tendo em vista as teorias do risco e do dever objetivo do cuidado, associadas ao dever de informar-se inerente à melhor qualificação técnica do gestor?

Por isso o dizer de Oliveira[163] coaduna com a interrogação quando diz que o Direito não pretende nem consegue interromper a fluência dos fatos econômico-sociais, mas tem o objetivo de conferir um sentido de justiça na distribuição dos encargos, valendo relembrar o princípio norteador de que o trabalho é que deverá adaptar-se ao homem, e não o inverso.

Nesse sentido se encontra presente fundamentalmente o princípio da proteção com o intuito de manter conduta equilibrada nas relações do trabalho, e o seu mais forte representante, além da Constituição Federal, é o Direito do Trabalho.

Ainda na advertência de Rodriguez[164], o legislador não pode mais manter a ficção de igualdade existente entre as partes do contrato de trabalho e inclinou-se para uma compensação dessa desigualdade econômica desfavorável ao trabalhador com uma proteção jurídica a ele favorável. O Direito do Trabalho responde fundamentalmente ao propósito de nivelar desigualdades.

Por outro lado, se há toda a gama de previsões legais nos mais diversos ramos do Direito, pois além do Direito do Trabalho há o Direito Civil, ainda a Legislação Previdenciária e Constitucional, enriquecidos pelas mais diversas normas regulamentadoras e as Convenções da Organização Internacional do Trabalho, resta uma análise de como está se mantendo o caos dos acidentes de trabalho na magnitude hoje presente. A monetização dos riscos do trabalho, por suposto, não atendem às exigências e, sobretudo, não está sendo suficiente para a redução desses acidentes, pois por ora os efeitos destruidores do trabalho são compensados na forma de valoração econômica, ora por outro lado, o trabalho precisa se organizar para ser atividade criadora.

---

(163) OLIVEIRA, Sebastião Geraldo de. Ob. cit., p. 169.
(164) RODRIGUEZ, Américo Plá. Ob. cit., p. 29.

Essa preocupação dos órgãos legais para a humanização do trabalho está fortemente presente na realidade brasileira, restando medidas de eficácia que diminuam os acidentes de trabalho para tirar do país o título de ser um dos campeões mundiais nesse quesito. A Constituição da República de 1988, como nos traz Oliveira[165], foi o marco principal da introdução da etapa da saúde do trabalhador no ordenamento jurídico nacional. A saúde foi considerada como direito social, ficando garantida aos trabalhadores a redução dos riscos inerentes ao trabalho, por meio de normas de saúde, higiene e segurança. Ficou estabelecido também que a saúde é direito de todos e dever do Estado, em sintonia com declarações internacionais, como se verá adiante.

De outra parte merece destaque o art. 13 da Convenção n. 148 da Organização Internacional do Trabalho, ratificado pelo Brasil por meio do Decreto n. 93.413/86, quando confere ao empregado o direito de interromper uma situação de trabalho por considerar, por motivos razoáveis, que ela envolve um perigo iminente e grave para sua vida ou para sua saúde, não podendo por essa medida sofrer qualquer punição por parte do empregador. Pode-se acrescer que na realidade do trabalho de nosso país essa é uma medida de pouca eficácia e também que a ação de interrupção da situação prevista deve ocorrer igualmente quando se percebe a possibilidade de dano a terceiros no ambiente do trabalho.

Essa ideia da preocupação com os riscos inerentes às atividades laborais tão amplamente elencados nas mais diversas normas técnicas também vai de encontro ao trabalhador quando tem a previsão legal de fornecer informações como uma obrigação e um dever da empresa de forma pormenorizada, sobre todos os riscos da operação a executar e do produto a manipular. Ainda para complementar, há a previsão no Sistema Único de Saúde das ações de saúde do trabalhador, especificamente abrangendo "informação ao trabalhador e à sua respectiva entidade sindical e às empresas sobre os riscos de acidente do trabalho, doença profissional e do trabalho".[166]

Ainda, nesse sentido, a Lei n. 8.213/91 estabelece:

> "É dever da empresa prestar informações pormenorizadas sobre os riscos da operação a executar e do produto a manipular."[167]

Assim, nas palavras de Oliveira,[168] o empresário necessita da mão de obra para acionar as atividades operacionais do seu empreendimento e, para isso, contrata a prestação de serviços. Por outro lado, o trabalhador, para garantir sua sobrevivência, busca a remuneração, colocando à disposição daquele a sua força de trabalho. Todavia, entre o fornecimento da mão de obra e o pagamento do

---

(165) OLIVEIRA, Sebastião Geraldo de. Ob. cit., p. 76.
(166) BRASIL. Lei n. 8.080, 19 de setembro de 1990 — Lei Orgânica da Saúde, art. 6º, § 3º, V.
(167) BRASIL. Lei n. 8.213, 24 de julho de 1991. Dispõe sobre os Planos de Benefícios da Previdência Social e dá outras providências, art. 19, § 3º.
(168) OLIVEIRA, Sebastião Geraldo de. Ob. cit., p. 154.

salário correspondente intervém a pessoa física do trabalhador, tanto é que um dos pressupostos para a caracterização da relação de emprego é exatamente a pessoalidade.

Nessa linha de raciocínio, além da necessidade de treinamento e informação do trabalhador, não se pode esquecer do problema da deficiência de formação técnica na área da saúde do trabalhador. Segundo Oliveira,[169] faltam profissionais com conhecimentos multidisciplinares para o devido equacionamento da questão, sendo oportuno mencionar que, nos cursos de Direito, os estudos da saúde dos trabalhadores praticamente não existem. Não basta estudar Medicina Legal para entender o laudo cadavérico do acidentado; é preciso aprofundar-se no conhecimento do direito à saúde do trabalhador para evitar o acidente e a morte.

Por conta dessa deficiência técnica ocorre como que numa sintonia paralela e na mesma proporção a falta de conscientização dos trabalhadores e empresários. A ação das Comissões Internas de Prevenção de Acidentes nas empresas fica mais no papel para cumprir uma formalidade legal do que na plena atuação; isso, aliado à inércia do movimento sindical, aliena os trabalhadores no seu papel de construir um ambiente de trabalho sadio e isento de acidentes, pela diminuição dos riscos. Se o empregado não se preocupa com a saúde no ambiente do trabalho, haverá também dificuldades para implementação das normas protetoras.

A legislação aponta na direção da prioridade para a eliminação do risco, sendo que a neutralização[170] só deveria ocorrer quando fossem esgotadas todas as possibilidades técnicas para afastar definitivamente a ação de risco causadora da agressão. Agora, as medidas a serem implementadas não recebem a devida pressão por parte do trabalhador e dos órgãos representativos, transferindo essa responsabilidade para os órgãos fiscalizadores. Os órgãos fiscalizadores, através da Inspeção do Trabalho, têm em mãos todas as ferramentas possíveis para realizar amplamente o Direito, seja por multas ou até interdições, mas sua atuação em nosso país também deixa a desejar, ou por falta de aparelhamento pessoal ou técnico ou, ainda, pelo pouco apoio que recebe do Poder Público.

Quando se discute a proteção jurídica à saúde do trabalhador, o tema relativo ao acidente do trabalho é dos mais aflitivos, diante das suas consequências traumáticas que, muitas vezes, levam à incapacidade ou até à morte, com reflexos para o trabalhador, sua família e para toda a sociedade, como afirma Oliveira.[171] Segue o autor dizendo ainda que a dimensão do problema e a necessidade premente de soluções não permitem mais ignorá-lo, pois é praticamente impossível comemorar

---

(169) *Ibidem*, p. 145.
(170) A neutralização normalmente ocorre através do fornecimento de equipamentos individuais de proteção — EPI —, os quais não são soluções em definitivo.
(171) OLIVEIRA, Sebastião Geraldo de. Ob. cit., p. 203.

os avanços tecnológicos e desviar o olhar dessa ferida social aberta, ainda mais com tantos dispositivos legais e princípios jurídicos entronizando, com nitidez, a dignificação do trabalho.

Essa dignificação do trabalho perde um pouco de seu brilho quando se constata que é grande a quantidade de ocorrências de acidentes que não são notificadas aos órgãos competentes, seja pela ignorância dos envolvidos, por receio das consequências ou por falta de registro do trabalhador. Avalia-se que os registros só abrangem 50% dos acidentes[172] efetivamente ocorridos, principalmente a partir de 1991, quando a Lei n. 8.213 instituiu a garantia de emprego por doze meses, após a cessação do auxílio-doença, para o empregado acidentado.

De toda maneira, tem-se como clara uma latente questão em aberto nos casos dos acidentes de trabalho, haja vista que os números não mentem. A presença escancarada das sequelas oriundas dos acidentes de trabalho está bem clara e a tutela jurisdicional abrange um amplo leque de soluções e ações claramente no campo monetário. As empresas pagam o que devem pagar para minimizar o seu envolvimento nas definitivas soluções. O Estado recebe os valores e paga os auxílios legais previstos e aciona legalmente o regresso de valores que extrapolem à sua responsabilidade. E o trabalhador e sua família estão à mercê do sistema posto, raras vezes achando que é o melhor que podem receber, pois fazem ideia do alcance da norma, e outras vezes, mesmo conscientes de seu direito, não têm força econômica para buscá-lo.

Se aceitar-se a máxima do Direito Civil que diz que aquele que se aproveita da utilidade de uma pessoa ou de uma coisa justifica assumir os riscos a que o emprego ou o uso dessa pessoa ou coisa dê origem[173] e se tentar transpor isso à imputação objetiva penal, estar-se-ia falando da possibilidade de determinar comportamentos de risco.

Ocorre que se necessita atender à questão fundamental de que, se com os riscos criados no ambiente de trabalho, em quanto e em como se está atingindo o bem jurídico protegido e se com essa conduta se causou o resultado danoso. Pois, afinal, o dia a dia está repleto de ações que geram riscos altamente significativos, ou, usando a linguagem da imputação objetiva, juridicamente relevantes, mas nem todas as condutas são proibidas pelas normas penais, como o risco permitido, já referenciado. Os detalhes de concretização desse risco permitido, através de normas jurídicas, normas técnicas, a figura do homem prudente, o princípio da confiança como a ideia de que, em princípio, ninguém precisa contar com o comportamento antijurídico alheio, mas pode confiar em que o terceiro

---

[172] Conforme OLIVEIRA, Sebastião Geraldo de. Ob. cit., p. 205.
[173] LOPES, Miguel Maria de Serpa. *Curso de Direito Civil*. 5. ed. v. V. Rio de Janeiro: Freitas Bastos, 2001. p. 333.

respeitará o Direito, já são conhecidos sob outra denominação, como dever objetivo de cuidado.[174]

De outra parte, há de se esclarecer acerca do bem jurídico protegido, bem como que caminho seguir para que a imputação objetiva alcance sua positivação nos riscos oferecidos no ambiente do trabalho. Para Jesus,[175] o objeto jurídico do crime é o bem-interesse protegido pela norma. Bem é tudo aquilo que satisfaz às necessidades humanas, seja de conteúdo material ou imaterial, como, e principalmente, a vida, a honra, o patrimônio etc. O interesse é a relação entre o sujeito e o bem.

Segue o autor esclarecendo que o bem é tudo aquilo que nos pode servir, consistindo em qualquer coisa apta a satisfazer à necessidade humana, podendo configurar um objeto do mundo exterior, uma qualidade do sujeito ou algo de natureza imaterial, como a solidariedade humana. Modernamente, considera-se que, na realidade, objeto ou bem jurídico é a relação de disponibilidade entre o sujeito e a coisa. O dano pode recair sobre o interesse, sobre o bem ou sobre ambos; porém, sempre ocorre a afetação do interesse.

A função específica do Direito Penal, então, é a tutela jurídica, que visa a proteger os bens jurídicos, tornando todo valor reconhecido pelo Direito um bem jurídico. O Direito Penal tem em seu âmago a proteção aos bens jurídicos mais importantes e intervém sempre nos casos de lesão de bens jurídicos fundamentais para a vida em sociedade. A imposição de sanções aos sujeitos que praticam as lesões aos bens jurídicos protegidos pela norma é uma fortificação da existência dessa norma e um alerta à necessidade do cumprimento dela, além de passar a mensagem da necessidade de valoração, por meio de uma consciência social, do valor dos bens jurídicos.

Como já verificado anteriormente, no ambiente do trabalho a lesão ao bem jurídico está claramente demonstrada, como claros estão os resultados, o nexo causal, pois a relação entre a prestação do serviço e a exposição ao risco no resultado está determinada pelos vínculos entre as partes, como óbvio está que a teoria finalista do Direito Penal atual não está alcançando a responsabilidade pelos danos causados e em nada está ajudando para reduzir os acidentes. Assim, em certas hipóteses de acidente do trabalho e em situações equiparáveis, além do ilícito civil fica caracterizado o ilícito penal, que atrai a aplicação de sanção mais rigorosa.

Porém, como traz Oliveira,[176] há um atraso considerável na legislação penal com relação ao acidente do trabalho. Se por um lado há normas legais com penas rigorosas para proteção do consumidor, do meio ambiente, dos programas de computador etc., tipos penais relacionados com o acidente do trabalho, além

---

(174) ROXIN, Claus. Ob. cit., p. 83.
(175) JESUS, Damásio E. de. Ob. cit., p. 20.
(176) OLIVEIRA, Sebastião Geraldo de. Ob. cit., p. 275.

de precários, são muito antigos, do início do século passado. Ainda afirma o autor que, além do atraso da lei, há a omissão e resistência dos profissionais do Direito em proceder à leitura atualizada de determinados tipos penais.

O autor aponta como exemplo o art. 132[177] do nosso Código Penal, que se refere a expor a vida ou a saúde de outrem a perigo, como uma releitura para a realidade dos acidentes do trabalho e imagina uma possibilidade abrangente de condenações por meio desse artigo. Diz mais, que essa perspectiva de impunidade ou mesmo inércia das vítimas e das autoridades em buscar a condenação dos culpados acaba contribuindo para a pouca efetividade das normas de proteção e o desrespeito à segurança e saúde do trabalhador. Em sua opinião, não é a severidade da pena nem sua ferocidade que intimidam, mas, sim, a certeza da punição e a rapidez na aplicação da pena que funcionam como fator de inibição da prática do crime.[178]

Seguindo o raciocínio do autor, não se deve esquecer de que a intenção do legislador, ao instituir esse tipo penal, foi, primordialmente, prevenir e combater os acidentes do trabalho, mas a sociedade inexplicavelmente ignorou esse aspecto. Enquanto isso, o Brasil se tornou, na década de 1970, o campeão mundial de acidentes do trabalho, seguindo até hoje com índices alarmantes, especialmente no que tange aos acidentes fatais. Dito isso, vale o reforço de que na exposição de motivos do Código Penal de 1940[179] está clara a origem da necessidade desse artigo, bem como seu vínculo com os acidentes do trabalho.

Outra questão abordada pelo autor para uma releitura são os arts. 250 a 259 do Código Penal, que tratam dos crimes de perigo comum, além de que os acidentes do trabalho podem caracterizar, ainda, os crimes de homicídio e lesões corporais, por conduta dolosa ou culposa do empregador ou dos responsáveis.

Uma questão fundamental a se discutir é a responsabilização dos órgãos enquanto não proprietários do negócio. Subordinados da mesma forma que o operador das funções ou o empregado em geral, ele tem uma ação fundamental na questão da administração dos riscos no ambiente de trabalho. Pois, como já se viu em Luhmann,[180] não é uma prerrogativa da pessoa física a incapacidade ou o descaso na questão dos riscos, senão também que os riscos não são quantitativamente

---

(177) BRASIL. CP, art. 132, *caput:* "Expor a vida ou a saúde de outrem a perigo direto e iminente: Pena — detenção, de 3 (três) meses a 1 (um) ano, se o fato não constitui crime mais grave".
(178) OLIVEIRA, Sebastião Geraldo de. Ob. cit., p. 276.
(179) Na exposição de motivos da Parte Especial do Código Penal de 1940, implementado que foi pelo Decreto-Lei n. 2.848, de 7.12.1940, no item 46 aí se referir ao art. 132, exemplifica o caso especial dessa *species* criminal para o caso do empreiteiro que, para poupar-se ao dispêndio com medidas técnicas de prudência, na execução da obra, expõe o operário ao risco de grave acidente. Esse artigo seria como um complemento da legislação trabalhista, mas visava a proteger não só a indenidade do operário, mas também a de qualquer outra pessoa.
(180) LUHMANN, Niklas. Ob. cit., p. 44.

calculados onde a racionalidade é parte integrante das obrigações e de onde se espera especial prudência e responsabilidade no manejo dos riscos, qual seja, na administração das organizações.

De qualquer maneira, para o empregador resta a responsabilidade de definir a administração dos riscos, inclusive a dele mesmo, conforme seja o caso de como o indivíduo participa no risco, se como portador ou detentor das decisões ou como afetado pelas decisões que ofereçam risco, para que a percepção da imputação do dano causado se dê no plano concreto das ações preventivas que deviam ser tomadas e de quem não as tomou.

Por outro lado, seria incompreensível e é pouco provável que uma organização delegue funções de responsabilidade a alguém que já não tenha um conhecimento especial adquirido, ou, na pior das hipóteses, a empresa terá um programa de treinamento para capacitar os indivíduos nas qualificações exigidas para a função. Dessa forma se encerra em si o círculo da confiabilidade e responsabilidade inerente a uma organização que se comunica, e como diria mais uma vez Luhmann,[181] elas, as organizações, só reconhecem como próprias as comunicações dos seus membros, e isso ocorre exclusivamente quando se comunicam entre si os membros de decisão. Sobretudo as organizações podem servir-se disso para condicionar o comportamento dos seus membros, diferentemente do que ocorre com o comportamento dos seus não membros. Seriam decisões relativas à aceitação das premissas das decisões, incluindo as condições necessárias para uma modificação legítima ou a mudança da especificação das premissas de decisões mesmo.

Dessa forma, o órgão de uma empresa, com as responsabilidades definidas, poderia, sim, ser responsabilizado pelo fato de não ter tomado as medidas que lhe cabiam, pelo superior conhecimento técnico e pela gestão dos riscos que lhe foi delegada. De outra parte não tem sentido se imaginar a responsabilização da pessoa jurídica, pois esta, como uma ficção jurídica, nos termos atuais, não é imputável pela ausência da ação. O ente coletivo não tem a capacidade de agir senão através de seus órgãos, e estes, no caso do acidente de trabalho e na magnitude analisada nesta dissertação, lesão permanente ou morte, ou agiram de forma temerosa ou foram omissos, por óbvio com as provas de cada caso concreto.

Com a análise direcionada para a questão da criação de um risco juridicamente desaprovado, associado à realização do risco no resultado, está instigando-se para uma proposição que ultrapasse a teoria finalista da ação. Se, nos casos de acidentes do trabalho, pela gravidade das consequências apresentadas e por tantas outras que não se puderam trazer para esta pesquisa, já houver a aceitação de ser um foco reflexivo acerca da temática, parte do objetivo se cumpre. A outra parte seria

---

(181) *Ibidem*, p. 240.

a discussão da realização de cada caso no mundo real como suporte para a criação legislativa de uma tipificação voltada ao ambiente do trabalho, no intuito de minimizar os acidentes.

Porém, parece que no ambiente do trabalho a teoria de Roxin,[182] baseada na ideia do aumento do risco, é mais enriquecedora e mais próxima de uma identificação para a realização dos objetivos da imputação objetiva. Senão, vale uma reflexão sobre o contexto da teoria e uma exemplificação ao final do ponto teórico. O autor, vale lembrar, assim como nos demais casos de realização do risco, diz que o aumento do risco deve ser verificado de uma perspectiva *ex post*. Devem ser levadas em conta, portanto, todas as circunstâncias que só posteriormente venham a ser conhecidas. Com base nesses dados fáticos, deve-se analisar se o respeito ao risco permitido teria diminuído o perigo para o acidentado, ou seja, aumentado as suas chances de evitar o acidente. O aumento do risco deve ser avaliado segundo parâmetros normativos, isto é, deve ser verificado, com base no conhecimento *ex post*, se a norma formulada *ex ante* ainda pode ser tida como uma proibição racional, redutora do risco do resultado (nesse caso, o resultado será imputado), ou se, em face dos novos conhecimentos, a norma se mostra *in concreto* inidônea ou, ao menos, inócua (caso em que não haverá imputação).

De outra parte não se pode esquecer de que o profissional, quando vai realizar uma atividade técnica, tem o dever de informar-se, ou seja, tem o dever do exame prévio, no sentido de estar obrigado a estudar o curso causal de sua atuação. Convém ser exercitada a humildade técnica. O profissional chamado a executar uma tarefa, sendo ela especial em relação a seu trabalho usual, deverá atualizar-se antes de empreender a atividade. Se ela estiver fora do seu alcance, deve renunciar ou omitir a ação perigosa.[183] Essa questão se reflete intensamente no ambiente do trabalho, principalmente nas tarefas de maior risco.

Veja-se o exemplo muito próximo em sua decisão temporal e legislativa, pois está discutido sobre decisão do Tribunal Superior do Trabalho datada de 24 de abril de 2009, em negativa de responsabilidade objetiva por acidente do trabalho e acatando a argumentação da responsabilidade subjetiva. A análise será profícua se for inserido na decisão o instituto do aumento do risco, o que provocará uma perfeita reviravolta nessa análise e em sua decisão. O referido acórdão foi prolatado quando do julgamento do Recurso de Revista n. 3336/2006-019-09-00, conforme publicação no Diário da Justiça.

---

(182) ROXIN, Claus. Ob. cit., p. 343.
(183) JESUS, Damásio E. de. Ob. cit., p. 43-44.

"O caso: NÚMERO ÚNICO PROC: RR -3336/2006-019-09-00[184]

PUBLICAÇÃO: DJ — 24.4.2009

ACÓRDÃO — 7ª TURMA

RECURSO DE REVISTA

a) INDENIZAÇÃO POR DANOS MORAIS — ACIDENTE DE TRÂNSITO DE EMPREGADO NA CONDUÇÃO DE MOTOCICLETA — ENTREGA DE ALIMENTOS EM DOMICÍLIO — INEXISTÊNCIA DE CULPA OU DOLO DA RECLAMADA — RESPONSABILIDADE OBJETIVA — INAPLICABILIDADE. CF, ART. 7º, XXVIII.

1. Para a existência do dever de reparar o dano causado, alguns pressupostos devem estar presentes, sem os quais o próprio instituto da responsabilidade não pode subsistir, quais sejam, o dano experimentado pelo ofendido, a ação ou a omissão do causador, o nexo de causalidade e a culpa ou o dolo. Trata-se do estabelecimento do nexo causal entre lesão e conduta omissiva ou comissiva do empregador, sabendo-se que o direito trabalhista brasileiro alberga tão somente a teoria da responsabilidade subjetiva, derivada de culpa ou dolo do agente da lesão em matéria trabalhista (CF, art. 7º, XXVIII).

2. *In casu*, o Regional condenou a Reclamada ao pagamento de indenização por danos morais no valor de R$ 10.000,00, sob o fundamento de que a responsabilização da Empregadora seria objetiva, pois o Reclamante desempenhava atividade de altíssimo grau de risco, consistente na condução de motocicleta em centro urbano, para entrega de alimentos em domicílio. Conforme consignou o próprio Regional, verificou-se que o acidente de trânsito ocorrido durante o período de trabalho do Empregado não decorreu de ato culposo ou doloso atribuível à Empregadora, mas de fato relacionado a terceiro, sobre o qual, inclusive, recaiu condenação em indenização na esfera cível.

3. Se, por um lado, a norma civil não alcança a esfera trabalhista, iluminada pelo comando constitucional do art. 7º, XXVIII, por outro, nenhuma atividade laboral está infensa a riscos de acidente (no próprio dizer de Guimarães Rosa, em sua epopeia *Grande Sertão: Veredas*, viver é muito perigoso), mas a CLT somente admite o adicional de periculosidade para as atividades de risco acentuado, ínsito ao manuseio de explosivos, inflamáveis (art. 193) e energia elétrica (Lei n. 7.369/85, art. 1º), o que descartaria, em tese, a invocação da responsabilidade objetiva por risco em relação ao setor de entrega de alimentos em domicílio.

4. Assim, não há como se atribuir responsabilidade à Empregadora pelos danos morais decorrentes de acidente de trabalho sofrido pelo Reclamante apenas considerando a teoria da responsabilidade objetiva. Recurso de revista parcialmente conhecido e provido. Vistos, relatados e discutidos estes autos de Recurso de Revista TST-RR-3.336/2006-019-09-00.3.

---

(184) Caso colhido no *site* pela *Internet*: <http://ext02.tst.jus.br/pls/ap01/ap_acord.dados_processos>.

RELATÓRIO

Contra o acórdão do 9º Regional que deu provimento parcial ao recurso ordinário do Reclamante (fls. 1.598-1.604v.) e deu provimento aos seus embargos declaratórios (fls. 1.614-1.617), a Reclamada interpõe o presente recurso de revista, postulando a reforma do julgado quanto à prescrição e ao dano moral (fls. 1.620-1.633). Admitido o recurso (fls. 1.663-1.664), não foram apresentadas contrarrazões, sendo dispensada a remessa dos autos ao Ministério Público do Trabalho, nos termos do art. 83, § 2º, II, do RITST.

b) INDENIZAÇÃO POR DANOS MORAIS — ACIDENTE DE TRÂNSITO DE EMPREGADO NA CONDUÇÃO DE MOTOCICLETA — ENTREGA DE ALIMENTOS EM DOMICÍLIO — INEXISTÊNCIA DE CULPA OU DOLO DA RECLAMADA — RESPONSABILIDADE OBJETIVA

— IMPOSSIBILIDADE

Tese Regional: No Direito do Trabalho, em face da teoria do risco, a empresa assume o dever de suportar os riscos sociais de sua atividade econômica, investindo-se da obrigação de garantir a segurança e a integridade física e psíquica dos seus empregados durante a prestação de serviços e de reparar os eventuais danos causados, independentemente de culpa. Na hipótese, o dano moral se verifica pelo transtorno que o Autor teve que suportar após o acidente de trabalho, como o afastamento das atividades, a dor física, a realização de exames médicos, consultas e outros, sendo que o simples fato de o Empregado ter sofrido redução da capacidade laborativa autoriza o recebimento de danos morais (fls. 1.600-1.604).

Antítese Recursal: A aplicação da teoria do risco, com a consequente responsabilidade objetiva do Empregador, redunda em ofensa ao art. 7º, XXVIII, da CF, pois a obrigação de reparar o dano sofrido deve ser imposta apenas no caso em que este tenha agido com dolo ou culpa, não caracterizados no caso. Aponta para a violação do art. 7º, XXVIII, da CF e divergência jurisprudencial (fls. 1.625-1.630).

Síntese Decisória: No presente caso, o Reclamante laborava para a Reclamada na condução de motocicleta em centro urbano, para o desempenho de atividade essencial à Reclamada, consistente na entrega de alimentos em domicílio, tendo sofrido acidente de trânsito em 27.12.2002, durante o desempenho de seu trabalho, ficando por muito tempo em tratamento e afastado de suas atividades. Da forma como foi delineada a controvérsia, mister se faz tecer breves considerações acerca da responsabilidade do empregador. A responsabilidade civil estabelece a vinculação de alguém às consequências do ato que pratica, ou seja, é a obrigação de responder pelas consequências jurídicas decorrentes do ato praticado. Para a existência do dever de reparar o dano causado, alguns pressupostos devem estar presentes, sem os quais o próprio instituto da responsabilidade não pode subsistir, quais sejam, o dano experimentado pelo ofendido, a ação ou a omissão do causador, o nexo de causalidade e a culpa ou o dolo. Assim sendo, a responsabilidade civil do empregador por acidente de trabalho, prevista no art. 7º, XXVIII, da CF, assegura ao empregado o direito de receber seguro em caso de acidentes de trabalho (vertente da infortunística), ficando resguardado seu direito de receber indenização por dano moral ou material, em caso de dolo ou culpa do empregador.

Conclui-se, portanto, que a responsabilidade do empregador de indenizar o empregado acidentado é subjetiva, dependendo, assim, de comprovação de dolo, imprudência, negligência ou imperícia, bem como da comprovação do dano e configuração do nexo causal.

Nesse sentido, cabe transcrever excertos que refletem a conclusão do Regional acerca da aplicação da responsabilidade objetiva ao caso. Por fim, as medidas de proteção ao trabalhador são exigidas como forma de reduzir os riscos inerentes a estas atividades, mas não afastam a possibilidade de responsabilização do empregador. Trata-se da teoria do risco, que encontra fundamento no fato de a empresa estar inserida no contexto do capitalismo como um ente destinado, predominantemente, à obtenção do lucro. Por tal razão, no âmbito do Direito do Trabalho, ela assume o dever de suportar os riscos sociais de sua atividade econômica. Nesse diapasão, o empregador se investe da obrigação de garantir a segurança e a integridade física e psíquica dos seus empregados, durante a prestação de serviços, e de reparar os eventuais danos causados, independentemente de culpa (fl. 1.602).

Na situação dos autos, deve-se aprofundar considerações sobre o altíssimo grau de risco envolvido na condução de motocicleta em centro urbano, para o desempenho de atividade essencial à ré, consistente na entrega de alimentos em domicílio. O acidente ocorreu durante o desempenho dessa atividade, o que confirma a existência de nexo de causalidade entre o acidente e as atividades laborais desenvolvidas pelo autor. Por aplicação da teoria do risco, a ré tem a obrigação de indenizar os prejuízos sofridos, inclusive danos imateriais (fls. 1.602-1.602v.).

Dessa forma, verifica-se que o Regional baseou a condenação na responsabilidade objetiva consubstanciada no art. 927, parágrafo único, do CC, decorrente do risco inerente à atividade empresarial da Reclamada, mesmo reconhecendo que a Empregadora não incorreu em dolo ou culpa no acidente de trabalho sofrido pelo Reclamante. Com efeito, restou expressamente consignado pelo acórdão regional que se comprovou alguma diligência do empregador, que exigia o uso de capacete. Entretanto, a própria atividade desenvolvida pelo empregador, sem dúvida, acarretava risco a seus empregados (fls. 1.600v.-1.601). Ademais, ao valorar o dano moral, o Regional registrou que: diante do exposto, e a partir de critérios como a razoabilidade e proporcionalidade, além da indenização já concedida na esfera cível pelo dano decorrente do acidente de trabalho, embora contra o culpado pelo acidente, e ainda, levando em conta a capacidade financeira da ré e a proibição do enriquecimento indevido, arbitro a condenação, a título de danos morais, em R$ 10.000,00 (dez mil reais) (fls. 1.603v.-1.604).

Assim, verifica-se que o próprio Regional consigna a existência de condenação na esfera cível contra o culpado do acidente, razão por que não há como se atribuir culpa ou dolo à Empregadora, quando estes já foram atribuídos a outrem. Dessa forma, verifica-se que não se encontram presentes, na espécie, os pressupostos que delineiam o dever de reparar o dano causado, quais sejam, a culpa ou dolo da Reclamada e a ação ou omissão que teria concorrido para o mencionado acidente.

O entendimento desta Corte, por sua vez, aponta para a necessidade de que a lesão seja passível de imputação ao empregador. Trata-se do estabelecimento do nexo causal entre lesão e conduta omissiva ou comissiva do empregador, sabendo-se que o direito positivo brasileiro alberga tão somente a teoria da responsabilidade subjetiva, derivada de culpa ou dolo do agente da lesão (CF, art. 7º, XXVIII).

Nesse sentido,

II) MÉRITO

INDENIZAÇÃO POR DANOS MORAIS — ACIDENTE DE TRÂNSITO DE EMPREGADO NA CONDUÇÃO DE MOTOCICLETA — ENTREGA DE ALIMENTOS EM DOMICÍLIO — INEXISTÊNCIA DE CULPA OU DOLO DA RECLAMADA — RESPONSABILIDADE OBJETIVA — IMPOSSIBILIDADE

Conhecida a revista por violação do art. 7º, XXVIII, da CF, o seu PROVIMENTO é mero corolário para, reformando o acórdão regional, no particular, afastar da condenação a indenização por danos morais."

ISTO POSTO:

"ACORDAM os ministros da Egrégia 7ª Turma do Tribunal Superior do Trabalho, por unanimidade, conhecer do recurso de revista quanto à indenização por danos morais, por violação do art. 7º, XXVIII, da Constituição Federal e, no mérito, dar-lhe provimento para, reformando o acórdão regional, afastar da condenação a indenização por danos morais."

A proposta desta pesquisa é de trazer esse exemplo e discutir o mesmo caso à luz da teoria do aumento do risco. Se ao cumprir devidamente os preceitos legais de orientação quanto aos equipamentos de proteção individual, pelo empregador e ao cumprimento do comportamento conforme ao Direito, pelo empregado, nesse caso o motociclista, não resta dúvida quanto à sapiência da decisão do egrégio Tribunal. Porém, acrescentando uma orientação por parte do empregador, que é comum nos dias atuais pela exigência de diferenciar-se da concorrência, e publicamente ofertar essa orientação pelos meios conhecidos de comunicação no sentido de que a sua entrega garantidamente chega em, por exemplo, 30 minutos a qualquer ponto desde a origem da entrega.

O empregador, sabedor das dificuldades do trânsito e, acima de tudo, dos riscos envolvidos pela atitude que está tomando, vai passar do risco permitido ao risco proibido. Caberia, nesse caso, decisão diferente pela teoria do aumento do risco. A imposição ao trabalhador, do cumprimento do prazo de entrega, torna claro que esta só ocorrerá se houver aumento de velocidade, descumprimento de sinais de trânsito etc., e pela maior exposição do empregado ao risco. A criação de um risco juridicamente desaprovado, por induzir à infração da norma legal de cumprimento das leis de trânsito, e a realização do risco no resultado, na ocorrência do acidente, imputam ao empregador as sanções do evento danoso. Impossibilitou ao entregador o cumprimento conforme ao Direito nas exigências típicas do fato.

3.6. *LEGISLAÇÃO E JULGADOS NA VISÃO DA IMPUTAÇÃO OBJETIVA*

A legislação brasileira abarca amplamente a questão sobre a eliminação dos riscos em geral e fortemente no ambiente do trabalho. Primeiro, reforça a dignificação do trabalho por intermédio da Constituição Federal, e depois, na legislação infraconstitucional, tem toda uma gama de previsões para a questão dos riscos no ambiente do trabalho. No artigo 1º da Constituição, em seu inciso III, valoriza-se a dignidade da pessoa humana, e no inciso IV, os valores sociais do trabalho, como fundamentos do Estado Democrático de Direito. Ainda na Constituição, quando trata do capítulo dos Direitos Sociais, no artigo 7º, que versa sobre os direitos dos trabalhadores, especificamente nos incisos XXII, redução dos riscos, XXVII, proteção em face da automação, e XVIII, que trata do seguro de acidentes de trabalho, é reiterada a questão da necessidade indenizatória, quando incorrer em dolo ou culpa.[185] Dessa forma, ocorreu uma forte constitucionalização dos direitos sociais e de uma série de direitos trabalhistas, elevando ao topo da pirâmide legal a obrigação da proteção ao trabalhador, por meio de um ambiente de trabalho equilibrado.

Na legislação previdenciária, notadamente na Lei n. 8.213/91, também estão presentes instrumentos de penalização para garantir a ocorrência mínima, ou a eliminação, dos riscos ao trabalhador em seu labor diário. Há claras citações legais nos arts. 118, 120 e 121,[186] da referida lei, que preveem: a responsabilização da empresa nos casos de omissão nos acidentes do trabalho; a estabilidade do trabalhador que sofreu acidente; o direito ao ressarcimento para o Poder Público, através da Previdência, nos casos de negligência da empresa.

No âmbito do Direito Civil, como já afirmado acima, no art. 121 da Lei n. 8.213/91 também se encontra ampla gama de decisões sobre as reparações nas responsabilidades pelos acidentes do trabalho. O tema da responsabilidade civil já foi amplamente abordado e discutido no Capítulo 3 desta dissertação.

Alguns autores já abordam a responsabilidade penal do empregador e/ou de seus prepostos, no conceito da teoria finalista da ação, trazendo à luz várias tipificações que poderiam ser utilizadas para os casos dos acidentes de trabalho. Oliveira[187] é um desses autores que traz à discussão o uso de tipos penais existentes para o caso dos acidentes do trabalho, mesmo entendendo que há um atraso

---

(185) BRASIL. CF 88 — Art. 7º: São direitos dos trabalhadores urbanos e rurais, além de outros que visem à melhoria de sua condição social: Inciso XXII — redução dos riscos inerentes ao trabalho, por meio de normas de saúde, higiene e segurança; Inciso XXVII — proteção em face da automação, na forma da lei; Inciso XXVIII — seguro contra acidentes de trabalho, a cargo do empregador, sem excluir a indenização a que este está obrigado, quando incorrer em dolo ou culpa.
(186) BRASIL. Lei n. 8.213, 24 jul. 1991, que trata do Plano de Benefícios da Previdência Social: Art. 118 — O segurado que sofreu acidente do trabalho tem garantida, pelo prazo mínimo de doze meses, a manutenção do seu contrato de trabalho na empresa, após a cessação do auxílio-doença acidentário, independentemente de percepção de auxílio-acidente. Art. 120 — Nos casos de negligência quanto às normas padrão de segurança e higiene do trabalho indicados para a proteção individual e coletiva, a Previdência Social proporá ação regressiva contra os responsáveis. Art. 121 — O pagamento, pela Previdência Social, das prestações por acidente do trabalho não exclui a responsabilidade civil da empresa ou de outrem.
(187) OLIVEIRA, Sebastião Geraldo de. Ob. cit., p. 275.

considerável na legislação penal no que concerne a esse tema. O autor pondera que, se há atraso da lei, há também a omissão e a resistência injustificável dos profissionais do Direito em proceder à leitura atualizada de determinados tipos penais. Como exemplo, cita o art. 132[188] do Código Penal Brasileiro, que poderia imaginar um grande número de condenações com fulcro nesse artigo, tendo em vista a realidade dos acidentes de trabalho em nosso país. Ainda o autor afirma que os acidentes de trabalho podem caracterizar os crimes de homicídio, lesões corporais ou os crimes de perigo comum, previstos nos arts. 250 a 259 do Código Penal.

No caso da legislação penal, vale reforçar a previsão do art. 19, § 2º, da Lei n. 8.213/91, que diz que, nos casos de acidente do trabalho: "§ 2º — Constitui Contravenção Penal, punível com multa, deixar a empresa de cumprir as normas de segurança e higiene do trabalho."

A pouca jurisprudência com relação aos tipos penais referenciados talvez se deva, em parte, ao fato de que a legislação relacionada com o acidente do trabalho é precária e remonta ao Código Penal de 1940. Hoje, criminalmente, protege-se com penas severas o consumidor, os programas de computador, o meio ambiente etc.; porém, o ambiente do trabalho, em que o indivíduo passa mais de oito horas diárias, se ressente de maior proteção.

A imputação objetiva traz algumas propostas que visam a um passo além no que concerne ao Direito Penal e bem pode ser uma das alavancas que auxiliem também no ambiente do trabalho. Abaixo serão indicados alguns exemplos de julgados que, com a visão da imputação objetiva, trouxeram uma nova interpretação ao tipo penal e permitem nova linha de decisão; em geral, são mais benéficos ao réu. Roxin[189] defende, através desses julgados, que precisamos de uma teoria da imputação objetiva, e, se vivemos até pouco tempo atrás sem ela, pagamos um tríplice preço: menor segurança jurídica, desacerto político-criminal de várias decisões e ilegitimidade[190] de várias condenações.

Exemplo 1: Caso do choque anestésico. Trata-se de um caso clássico de desvio no curso da causalidade. O réu lesionara o ofendido mostrando sua vontade de eliminá-lo. Porém, a morte só ocorrera em virtude de choque anestésico, sobrevindo síncope cardíaca. Argumentou a defesa que os ferimentos não foram diretamente responsáveis pela morte; e mais, não fosse a vítima anestesiada com excesso de éter sulfúrico, não teria falecido. Haveria superveniência de causa, isto é, interrupção do nexo causal, com base no art. 13, § 1º, CP/84.

---

(188) BRASIL. CP, art. 132: "Expor a vida ou a saúde de outrem a perigo direto e iminente".
(189) ROXIN, Claus. Ob. cit., p. 103-104.
(190) O autor utiliza esse termo mais no sentido de uma punição disfuncional, de resultados inadequados, visto o fato de a teoria da imputação ter uma conceituação mais objetiva, e não no sentido da não legitimidade do julgador.

O Tribunal não acolheu a alegação da defesa: "ante a teoria da equivalência das condições, adotada pelo Código Penal em vigor, torna-se inaceitável a exclusão da responsabilidade do apelado, pouco importando a ocorrência do choque anestésico causado, ou não, por excesso de éter ou por imprudência dos médicos operadores". Rechaçou-se, claramente, que a imprudência de terceiro pudesse vir a negar a relevância da contribuição do autor para o resultado. O réu responderia, portanto, pelo crime consumado.

Aqui vê-se bem de que maneira a não distinção entre a causalidade e a imputação faz com que, após afirmar-se a primeira, automaticamente se admita a segunda. A pergunta que o Tribunal não formulou, mas que hoje, de posse de uma teoria da imputação objetiva, podemos formular, é se o erro de um terceiro não interrompe a imputação ao causador das primeiras lesões. Isto é bastante controvertido na doutrina, que, predominantemente, opta por uma solução intermédia: ficará excluída a imputação em face da culpa grave de terceiro (no caso, dos anestesistas); se houver culpa leve, haverá a imputação.[191]

Exemplo 2: Caso do caminhão basculante. O réu transporta algumas pessoas na carroceria de seu caminhão, "absolutamente inadequada a tal tipo de transporte", vindo a ferir um dos passageiros. Alegou, em sua defesa, culpa da vítima, o que foi de plano descartado pelo Tribunal: "mesmo que a atitude negligente ou imprudente da vítima tenha contribuído para o desastre, tal erro não elide a culpa do motorista", que o condenou por lesões corporais culposas.

A questão da autorresponsabilidade da vítima que se expõe, de modo inteiramente livre e consciente, a certos perigos sequer é tematizada pelo Tribunal. Aqui, ao que tudo indica, a solução correta seria absolver o autor, em face da chamada autocolocação em perigo das vítimas, ou ao menos da heterocolocação em perigo consentida.[192]

Exemplo 3: Caso de broncopneumonia. Aqui, o réu lesionara a vítima culposamente, num acidente de trânsito. Esta fora levada a um hospital, vindo a falecer "dois dias depois, em razão de broncopneumonia eclodida no curso do tratamento de traumatismo cranioencefálico". O juiz de primeiro grau, de cuja sentença apelou a acusação, havia entendido que o "resultado morte não podia ser imputado ao réu, por ter o óbito decorrido de uma relação causal superveniente relativamente autônoma (broncopneumonia), com letalidade independente", condenando o acusado por lesões corporais.

---

(191) Julgado pelo Tribunal de Justiça de São Paulo, RT 382 (1967) p. 97 e ss.; in ROXIN, Claus. Ob. cit., p. 90-91.
(192) Julgado pelo Tribunal de Justiça de Minas Gerais, RT 469, (1974), p. 406 e ss., in ROXIN, Claus. Ob. cit., p. 94.

O Ministério Público alegou, em contrapartida, que "os doentes e convalescentes têm propensão às infecções dos brônquios. Constantemente, pessoas submetem-se a tratamento em hospitais e, quando passam à recuperação, são acometidas desses males e vêm a falecer", o que significa que inexiste motivo para negar a causalidade. O desdobramento causal não fora inadequado, não sendo de aplicar-lhe o art. 13, § 1º, do CP. Foi nesse sentido que decidiu também o Tribunal, condenando o réu por homicídio culposo.

Aqui bem se veem as semelhanças entre imputação objetiva e a teoria do crime culposo. O que parece duvidoso para o autor, contudo, é o juízo de previsibilidade formulado com tamanha certeza pelo Ministério Público e acolhido pelo Tribunal, para os quais seria comum que alguém adquirisse broncopneumonia ao ser internado em um hospital. Dever-se-ia recorrer a um perito — o que, se foi feito, não foi mencionado —, uma vez que o juízo de previsibilidade tem de levar em conta dados empíricos, não podendo esgotar-se na intuição do julgador. Também seria de questionar-se em que medida não é o hospital o responsável pelo contágio de certas doenças em suas dependências, mormente quando essas doenças possam ser facilmente evitadas.

Ao menos na hipótese de culpa grave do hospital — para cuja admissão, igualmente, seriam necessários mais dados fáticos, inclusive prova pericial —, não se poderia imputar a morte ao primeiro causador. Mas essa possibilidade de a culpa de um terceiro interromper a imputação do resultado só poderá ser vista à medida que se dispuser de uma teoria como a moderna imputação objetiva.[193]

Exemplo 4: Caso de pneumonia aliada ao HIV. Como no exemplo anterior, caso de lesões culposas, em que a vítima vem a falecer no hospital. Se bem que não se trate, agora, de broncopneumonia, mas de pneumonia, "com evolução para meningite, septicemia e óbito", concorrendo o fato de, além disso, ser a vítima portadora do HIV, que teria possivelmente tornado inócuo o antibiótico. Fazendo referência ao caso da broncopneumonia apresentado, condenou o Tribunal o réu pelo homicídio.

As reservas já anteriormente levantadas ao caso da broncopneumonia agora se tornam verdadeiras objeções: se a constituição física da vítima, imprevisível para o autor, tornou inócuo o antibiótico, não há como dizer que o resultado morte seria previsível. Assim, o risco que se realizou não foi o criado pelo autor.[194]

---

(193) Julgado pelo Tribunal de Alçada Criminal de São Paulo, RT 455 (1973), p. 376 e ss., in ROXIN, Claus. Ob. cit., p. 92-93.
(194) Julgado pelo Tribunal de Alçada Criminal de São Paulo, RT 731 (1996), p. 605 e ss., in ROXIN, Claus. Ob. cit., p. 101.

Conclusão

Antes de qualquer coisa, deve-se dizer, no que concerne a esta pesquisa, que o objetivo do trabalho não foi de contrapor a teoria finalista da ação, usada corriqueiramente no direito pátrio atual, confrontando-a com a moderna teoria da imputação objetiva. Claro está que essa última ainda carece de maior aprofundamento e mais discussão, notadamente em se referindo a acidentes do trabalho. O objetivo fundamental foi trazer reflexões e incitar a mais debates, considerada a impossibilidade atual de um efeito prático no cotidiano do direito positivado. É, portanto, mais um trabalho de reflexão que complementa a teoria finalista da ação, enriquecendo o Direito e propondo um caminhar em direção à utilização da teoria da imputação objetiva.

A busca de soluções e respostas, seja qual for o campo de pesquisa a que se atenha, sempre traz mais perguntas e dúvidas. Porém, seria inconcluso um trabalho que, ao final de uma proposição determinada, não analisasse e, por conseguinte, não apresentasse algumas particularidades encontradas ao longo da pesquisa. Sempre é temerário se afirmar que se chegou à conclusão de um trabalho, pois que todo trabalho que finda propõe um novo começo.

No caso específico desta pesquisa, que quis saber se a teoria da imputação objetiva penal traria benefícios aos trabalhadores, no que concerne à temática dos acidentes do trabalho, merecem reflexões alguns tópicos que se encontraram. Claramente se vislumbra uma monetização dos acidentes do trabalho, através do pagamento de benefícios públicos. Neste caso, por públicos se entenda o Estado como o responsável primeiro dos pagamentos desses benefícios, mas transferidos pelas empresas que os inserem em seus preços de venda.

Antes de se analisar um pouco mais profundamente esse ponto da questão financeira, não se pode esquecer de que, num ambiente do trabalho, há uma clara divisão das responsabilidades quanto aos cuidados de manuseio e operação das atividades laborais e suas consequências. O empregador tem claramente estipuladas as suas responsabilidades, no que tange à organização do trabalho, à instrução e ao treinamento de seus colaboradores, como tem definida uma série de consequências no seu descumprimento. O meio ambiente operacional, ético, de conduta, laboral, de divisão das tarefas é de competência do empregador no momento em que define o seu negócio, como quando inicia uma relação laboral com outros sujeitos.

O empregado, por sua vez, ao buscar colocação no mercado de trabalho, tem, ou ao menos deveria ter, claramente compreendidas as suas responsabilidades como elemento integrante de uma cadeia de elos que culmina com a colocação de um produto ou serviço no mercado consumidor. Nesse entremeio estão as suas condutas frente às normas do trabalho na execução de suas tarefas, as condutas frente aos demais colaboradores do ambiente do trabalho, condutas essas de solidez ética e moral.

O esforço conjunto desses dois elementos, empregador e empregado, é o fundamento da solução na ocorrência dos acidentes do trabalho. Pelo menos estes — empregador e empregado — devem ser os maiores responsáveis na tentativa de eliminar os riscos, visto que há riscos em qualquer atividade humana desenvolvida.

Notadamente na legislação previdenciária encontra-se a maior parte das previsões de cunho monetário que tenta reparar as consequências dos acidentes do trabalho. Apesar da possibilidade de ações de regresso por parte da Previdência Social, nos casos de culpa e dolo da empresa, entende-se de um modo bastante óbvio a transferência da responsabilidade por parte das empresas a partir do momento em que tanto o Estado como os setores produtivos se dão por satisfeitos com o modelo vigente. Parece uma forma mascarada de um lavar de mãos, em que o trabalhador é a parte menos importante quando se trata dos riscos que provocam os acidentes do trabalho.

De outra parte, a legislação tem avançado, e no Direito Civil encontram-se fundamentos legais de responsabilizar a empresa nos casos de ilícito civil comprovado. Surge a figura da indenização por danos materiais, morais etc., nos casos de descumprimento das normas legais pelo empregador; e, sobretudo, surge a Responsabilidade Civil Objetiva. Há presunção da responsabilidade do empregador pelo simples fato de ser o detentor dos meios de produção e o responsável no controle dos riscos somente com a comprovação da relação de trabalho entre o lesado e a empresa.

De qualquer maneira, segue fortemente vinculado no fator de monetização dos acidentes, pois se define valores indenizatórios para o indivíduo, vítima do acidente. Os riscos e as perdas, mesmo as físicas, são determinados por valores econômicos, o que não difere da questão já abordada da legislação previdenciária, mudando apenas a direção do pagador do dano.

Dessa forma, de uma maneira bastante homogênea, não se introduziu quase nada de novo. Pelo menos nada que fizesse com que os dramáticos números dos acidentes do trabalho em nosso país amenizassem, nem os números de lesionados ou mortos, nem os números dos enormes prejuízos econômicos que a sociedade carrega.

A proposição deste trabalho foi trazer à discussão algum fato novo que pudesse auxiliar na mudança desses dados catastróficos. Este trabalho traz para o meio dos acidentes de trabalho uma teoria que, mesmo discutida por mais tempo em outros países, é incipiente na doutrina brasileira. É incipiente na discussão da doutrina penal tradicional, nas suas tipificações já largamente estabelecidas, e muito mais quando se trata de relacioná-la com a ideia de auxiliar na diminuição dos acidentes do trabalho. Essa teoria é chamada de moderna teoria da imputação objetiva, e o objetivo de trazê-la ao debate é justamente o de atingir resultados positivos que se apresentam nos acalorados debates que ocorrem no mundo todo e nas comprovações práticas de sua fundamentação. De outra parte, a moderna teoria da imputação objetiva alcança resultados práticos à luz de grupos de casos concretos, pois de nada valeria uma teoria que não pudesse ser demonstrada na vida jurídica prática.

De primeira mão, esta pesquisa se preocupou em trazer toda a evolução histórica da imputação objetiva, até para que se compreenda que esta discussão tem toda uma realidade de antiguidade na sua construção. A importância a se ressaltar neste contexto é a de que, se no passado discutia-se o ilícito com ênfase no subjetivo, agora, no presente mais recente, se foca a discussão com ênfase no objetivo.

Outro fator preponderante é a conclusão da existência clara dos riscos, em todas as atividades da vida humana, e fortemente no ambiente do trabalho. Comprova-se, dessa maneira, que a complexidade das relações no ambiente do trabalho é motivadora real para a discussão de um avanço nas análises das tarefas de risco, assim como das possíveis responsabilizações na ocorrência dos eventos danosos. O princípio do risco para a imputação objetiva é tão necessário quanto a causalidade na teoria finalista, e é na discussão desse fundamento que se compreenderá a proposição da teoria do risco como suporte da imputação ora em debate.

No caso específico dos acidentes de trabalho, a utilização da teoria do aumento do risco traz um enriquecimento acentuado ao tema, pois inova na linha intermediária entre o risco permitido e o risco proibido, já como teorias mais elaboradas nas suas concepções. O aumento do risco é o liame sutil da percepção de quando um risco transpõe a linha do permitido para o proibido. Na análise mais profunda do meio ambiente do trabalho, através das pequenas variáveis dos processos fabris ou na execução de um serviço, encontra-se uma riqueza de informações que, sem sombra de dúvida, levam a definições claras de quando se está extrapolando o risco permitido.

Portanto, na visão deste trabalho, a teoria da imputação objetiva pode vir a ser um fator a mais para a solução do caos provocado pelos acidentes do trabalho, sobretudo em nosso país. Há claras evidências de que as penalizações existentes na legislação atual não estão arrefecendo os números e muito menos provocando ações de eliminação, ou pelo menos de diminuição, dos riscos no ambiente do trabalho.

Talvez a monetização dos acidentes de trabalho não seja o suficiente, pois é fácil pagar a reparação com dinheiro, difícil seria se o agente fosse responsabilizado e tivesse que responder de forma mais coercitiva, por meio de pena. Ninguém quer criar penas na responsabilização dos acidentes de trabalho de uma forma leviana, mas a simples possibilidade provoca o temor, e este provoca as ações de contenção dos riscos.

É fato também, na análise feita pelos grupos de casos, que a imputação objetiva, se não traz maiores alterações em alguns julgados, é fundamental na reversão em outros casos. O acréscimo das questões concernentes à teoria do risco traz uma riqueza na interpretação dos casos que provoca uma reviravolta acentuada nas decisões até agora proferidas. É de notar que as decisões mudariam, na maioria dos casos, para um veredicto mais favorável ao réu, o que é importante para a questão da segurança jurídica.

É fato, também constatado por meio da análise dos mais diversos ramos do Direito, que a legislação mostra cada vez mais a preocupação da proteção aos indivíduos, especialmente no ambiente do trabalho. Percebe-se a ausência de uma forma mais contundente do Direito Penal, e claramente no que concerne a acompanhar a rápida evolução das sociedades pós-industriais, num caminho que indicaria uma expansão das políticas criminais nessa realidade.

De outra parte se faz necessária abordar uma constatação desta pesquisa. É sobre a relativa escassez de obras publicadas na área da teoria da imputação objetiva, voltadas às consequências danosas dos acidentes do trabalho, principalmente em nosso país. E é praticamente nula a análise desse quesito, da imputação objetiva penal, quando se fala do ambiente do trabalho, pela ocorrência dos graves acidentes que ocorrem nesse ambiente, numa flagrante agressão ao bem jurídico protegido.

Dessa forma, reafirma-se a convicção de que este é um tema que não se esgota; pelo contrário, sempre apresenta mais interrogações e dúvidas, num claro desafio a novas reflexões e ações, para que se avance naquilo que não atende mais às necessidades sociais.

REFERÊNCIAS BIBLIOGRÁFICAS

BECK, Ulrich. *La sociedad del riesgo:* hacia una nueva modernidad. Barcelona: Ediciones Paidós Ibérica S.A., 1998.

CAVALIERI FILHO, Sérgio. *Programa de responsabilidade civil*. 8. ed., 3ª reimpr. São Paulo: Atlas, 2009.

CAVERO, Percy García. *La responsabilidad penal del administrador de hecho de la empresa:* critérios de imputación. Barcelona: Jose Maria Bosch Editor, 1999.

CUEVA, Mario de la. *Panorama do direito do trabalho*. Trad. Carlos Alberto Gomes Chiarelli. Porto Alegre: Livraria Sulina, 1965.

DIAS, José de Aguiar. *Da responsabilidade civil*. 11. ed. Rio de Janeiro: Renovar, 2006.

DIETER, Cristiane. *Condições de adaptabilidade dos indivíduos lesados em acidentes de trabalho para reintrodução em atividade laboral*. Novo Hamburgo: Feevale, 2004. Trabalho de Conclusão de Graduação, Centro Universitário Feevale, 2004.

DIETER, Cristiane; RENNER, Jacinta S. Condições de adaptabilidade dos indivíduos lesados em acidentes de trabalho para reintrodução em atividade laboral. *Revista Reabilitar*, ano 8, n. 30. São Paulo: Pancast, 2006.

DINIZ, Maria Helena. *Curso de direito civil brasileiro, v. 7:* responsabilidade civil. 17. ed. São Paulo: Saraiva, 2003.

DWORKIN, Ronald. *O império do direito*. Trad. Jefferson Luiz Camargo. São Paulo: Martins Fontes, 1999.

_____. *Levando os direitos a sério*. Trad. Nelso Boeira. São Paulo: Martins Fontes, 2002.

FELIPE, J. Franklin Alves. *Indenização nas obrigações por ato ilícito*. 3. ed. Belo Horizonte: Del Rey, 2000.

FERNANDES, Anníbal. *Acidentes do trabalho*. São Paulo: LTr, 1995.

GIL, Antônio Carlos. *Como elaborar projetos de pesquisa*. 3. ed. São Paulo: Atlas, 1996.

HART, Herbert L. *O conceito de direito*. 2. ed. Trad. A. Ribeiro Mendes. Lisboa: Fundação Calouste Gulbenkian, 1996.

HERKENHOFF, João Batista. *Para onde vai o direito:* reflexões sobre o papel do direito e do jurista. 3. ed. Porto Alegre: Livraria do Advogado, 2001.

IHERING, Rudolf Von. *A finalidade do direito — Tomo I*. Campinas: Bookseller, 2002.

JESUS, Damásio E. de. *Imputação objetiva*. 3. ed. rev. e atual. São Paulo: Saraiva, 2007.

KANT, Emmanuel. *Doutrina do direito*. 2. ed. Trad. Edson Bini. São Paulo: Ícone, 1993.

KELSEN, Hans. *A justiça e o direito natural.* Trad. João Batista Machado. Coimbra: Almedina, 2001.

LIMA, Alvino. *Culpa e risco.* 2. ed. rev. e atualiz. Prof. Ovídio Rocha Barros Sandoval. São Paulo: Revista dos Tribunais, 1999.

LOPES, Miguel Maria de Serpa. *Curso de direito civil.* 5. ed. v. V. Rio de Janeiro: Freitas Bastos, 2001.

LUHMANN, Niklas. *Sociologia del riesgo*. México: Universidad Iberoamericana/ Universidad de Guadalajara, 1992.

MARTINS, Sérgio Pinto. *Direito do trabalho*. 23. ed., 2ª reimpr. São Paulo: Atlas, 2007.

NASCIMENTO, Amauri Mascaro. *Curso de direito do trabalho:* história e teoria geral do direito do trabalho: relações individuais e coletivas do trabalho. 19. ed. rev. e atual. São Paulo: Saraiva, 2004.

OLIVEIRA, Sebastião Geraldo de. *Proteção jurídica à saúde do trabalhador*. 3. ed. São Paulo: LTr, 2001.

PASTORE, José. *Oportunidades de trabalho para portadores de deficiência*. São Paulo: LTr, 2000.

PEDROTTI, Irineu Antônio. *Doenças profissionais ou do trabalho*. 2. ed. São Paulo: Livraria e Editora Universitária de Direito Ltda., 1998.

PEREIRA, Maurício Gomes. *Epidemiologia teoria e prática*. Rio de Janeiro: Guanabara Koogan, 1995.

RAO, Vicente. *O direito e a vida dos direitos*. 5. ed. São Paulo: Revista dos Tribunais, 1999.

RODRIGUEZ, Américo Plá. *Princípios do direito do trabalho*. Trad. Wagner D. Giglio. São Paulo: LTr, 1978.

ROXIN, Claus. *Funcionalismo e imputação objetiva no Direito Penal*. Trad. Luiz Greco. 3. ed. Rio de Janeiro: Renovar, 2002.

SAAD, Teresinha Lorena Pohlmann. *Responsabilidade civil da empresa nos acidentes do trabalho*. 3. ed. São Paulo: LTr, 1999.

SÁNCHEZ, Jesús-María Silva. *A expansão do Direito Penal:* aspectos da política criminal nas sociedades pós-industriais. Trad. Luiz Otávio de Oliveira Rocha. São Paulo: Revista dos Tribunais, 2002.

TORTORELLO, Jayme Aparecido. *Acidentes de trabalho:* teoria e prática. 2. ed. São Paulo: Saraiva, 1996.

Produção Gráfica e Editoração Eletrônica: GRAPHIEN DIAGRAMAÇÃO E ARTE
Projeto de Capa: FABIO GIGLIO
Impressão: PROL ALTERNATIVA DIGITAL